Stick Fighting

短棍格鬥教本

菲律賓魔杖與各路棍術精華
九階段防身與對戰訓練課程

WEKAF 世界冠軍 JOE VARADY

陳定谷 譯

旗標
FLAG

facebook：優質運動健身書

● FB 官方粉絲專頁：優質運動健身書、旗標知識講堂

● 旗標「線上購買」專區：您不用出門就可選購旗標書!

● 如您對本書內容有不明瞭或建議改進之處，請連上
旗標網站，點選首頁的 聯絡我們 專區。

若需線上即時詢問問題，可點選旗標官方粉絲專頁
留言詢問，小編客服隨時待命，盡速回覆。

若是寄信聯絡旗標客服 email，我們收到您的訊息
後，將由專業客服人員為您解答。

我們所提供的售後服務範圍僅限於書籍本身或內
容表達不清楚的地方，至於軟硬體的問題，請直接
連絡廠商。

學生團體　　訂購專線：(02)2396-3257 轉 362
　　　　　　傳真專線：(02)2321-2545

經銷商　　　服務專線：(02)2396-3257 轉 331
　　　　　　將派專人拜訪
　　　　　　傳真專線：(02)2321-2545

國家圖書館出版品預行編目資料

Stick Fighting 短棍格鬥教本 - 菲律賓魔杖與各路
棍術精華，九階段防身與對戰訓練課程（全彩印刷）
/Joe Varady作；陳定谷譯. --

臺北市：旗標科技股份有限公司, 2024.06　　面；　公分

譯自：The Art and Science of Stick Fighting：Complete
Instructional Guide

ISBN 978-986-312-796-3　（平裝）

1.CST: 格鬥, 武術, 防身術

528.974　　　　　　　　　　　　　　113007405

作　　　者／JOE VARADY

翻譯著作人／旗標科技股份有限公司

發行所／旗標科技股份有限公司

台北市杭州南路一段15-1號19樓

電　　　話／(02)2396-3257(代表號)

傳　　　真／(02)2321-2545

劃撥帳號／1332727-9

帳　　　戶／旗標科技股份有限公司

監　　　督／陳彥發

執行編輯／孫立德

美術編輯／陳慧如

封面設計／陳慧如

校　　　對／孫立德

新台幣售價：550 元

西元 2024 年 6 月初版

行政院新聞局核准登記-局版台業字第 4512 號

ISBN　978-986-312-796-3

武術名人推薦

「『一切都應該儘可能簡單，但不能過於簡單。』—— Albert Einstein。在我練習棍術的二十三年中，閱讀了許多優秀的著作。Varady 大師將這門美麗而複雜的棍術藝術精煉出基本核心。他不僅提供了專家級的指導，還包括一套組織嚴謹的技能培養、訓練及清晰的圖解，幫助初學者與專家們在追求個人粹練的路上前進。無論你是想將這種驚人的武術納入學校課程，還是尋求一種經實戰檢驗的武器基礎武術，《短棍格鬥教本》都是必讀之作。」

— Juan (Little John) Cruz，黑帶三段，Doce Pares 多風格系統

「在閱讀 Varady 大師的《短棍格鬥教本》後，可清楚看出他不僅對棍術技術有著深厚的掌握，還對塑造這門藝術的歷史和文化背景有著豐富的瞭解。本書對動作的詳細描述配合了適當的文化參照，讓這些技巧在更加合適的背景下得以闡釋，使讀者能夠深刻理解不僅是「如何做」和「做什麼」，還包括「何時做」和「為什麼做」。Varady 大師的寫作方式讓普通讀者也能夠迅速上手，其展示的技術深度和精湛技巧亦為有經驗的武術家提供了豐富的拓展可能。這本書將多種武術形式融入一書，範疇和細節之全面和深入令人印象深刻。這本書是一本精心組織的短棍動作和歷史全書，對於任何經驗的棍術愛好者都是一個寶貴的資源，尤其是對於那些需要豐富其教學內容的資深教師。書中介紹了許多新的訓練和方法，都有詳細的解說並輔以精美的圖片，幫助理解訓練的核心要義。

我強烈推薦這本書給所有認真希望深入瞭解棍術藝術的人，不僅限於學習一種風格，而是從多種風格、國家和背景中汲取精華。」

— Brian Scott，八次 WEKAF (World Eskrima Kali Arnis Federation) 錦標賽全接觸棍術冠軍，科羅拉多大學博爾德分校武術教授，Doce Pares Eskrima 和自由式空手道黑帶四段 (州和國家冠軍)，夏威夷肯波 / 卡祖肯波黑帶一段，巴西柔術棕帶 (州和國家冠軍)，泰拳教師。」

「Joe Varady 大師的《短棍格鬥教本》完美地平衡了防身與競技的教學方法。從基礎伸展以確保安全與訓練，到精細的步法技巧，再到實戰與格鬥的策略，這本書涵蓋了從初學者到高級武術家的所有學習階段。書中將常見的訓練方法與傳統徒手訓練和戰鬥進行了對比，使得本書對所有武術實踐者格外有益。

此外，關於如何製作訓練輔助工具的說明，使任何人都能輕鬆做出來。這是一本極佳的書籍，巧妙地結合了歷史參考、個人經驗和實用教學，同時提供對各種棍術藝術之間共通點的理解，為任何武術風格奠定了堅實的基礎。」

　　— Michael J. Gallagher 大師，美國跆拳道國家武器冠軍，Generations 跆拳道的創辦人兼教練，萬象武藝組織執行董事會成員，2015 年入選費城歷史武術名人堂，2018 年入選賓州空手道名人堂，世界跆拳道大師聯盟的賓州官員。

「我認識 Joe Varady 很多年了。他就像陳年的佳釀：隨著年齡的增長，技藝愈發精湛，這本書正好展現出這一點。從技術解釋的深度到照片的清晰度，會是每位武術家書架上的必備之作。他融合東西方元素及對技巧的深刻理解，都顯示出無與倫比的專業。Joe 的教學技巧令學習成為一種享受，這本書無疑是他滿懷熱情和真心打造的作品。我為 Joe 鼓掌，你無疑是武術世界的珍貴財富。」

　　— Dave Dickey，作家，活鐵格鬥學院創辦人，活鐵雜誌創辦人，終身武術家，兩次被提名進入武術名人堂。

「Joe Varady 的《短棍格鬥教本》是一本精緻且有系統的教學指南，專注於介紹中等長度武器在競技及防身方面的用法。內容細分為九個階段，每個階段均提供了相關的概念、原則、技巧、練習和示範訓練，目的在增強對短棍術的掌握。此外，他還貼心提供了自製訓練設備的資訊。整體而言，這本書提供了一套卓越的自學課程，亦適合做為課堂教學之用，特別是對於那些尋求有條理且系統化教學方法的教練們。」

　　— Alain Burrese，法學博士、武術家、作家、生存專家

「Joe Varady 在我們越南武術中是頂尖的武器專家，同時在整個武術界也具有高度的聲譽。他的《短棍格鬥教本》豐富了初學者、中級以及高級武術家的知識庫。任何希望開始武器訓練或想在其訓練中加入棍術的武術家，都能輕鬆遵循本書的指導和練習。對於已經訓練有素的棍術戰士，這本書不僅是絕佳的參考資源，還將提供一些全新的洞察，確保他們從中獲益。」

    — John Burns，越南武術黑帶九段，加州伯克利越南武術空手道
       總教練，合氣道黑帶五段

「Joe Varady 大師的《短棍格鬥教本》是每位習武者的必讀之書，他巧妙地將本書編排成一場發現之旅，學習隨之自然而然地展開。

本書結構嚴謹，內容豐富，配以生動的插圖、照片和實用技巧，加上有助於提升讀者體驗的精彩資訊。當然，為了能夠使用棍棒格鬥或防身，就需要理解各種動作背後的原因，以便有效防守和反擊。Varady 大師逐步引導透過每一個階段，解釋特定方法之所以高效的原因。具邏輯性的組織各章節，從基本技能如範圍感知、距離控制和步法開始，讓學習變得更容易。章節命名刻意幫助你記住關鍵的原則和戰術，以確定何時和如何應用它們。書中最後講述如何製作訓練靶標、假人，甚至目標棍，以盡可能模擬真實戰鬥。

我強烈推薦《短棍格鬥教本》為武術家提供了全面的資源。即使你不打算使用短棍戰鬥，至少會想了解如何防禦持棍的攻擊者。事實上，這本書應被視為成功進行武器訓練和防禦的關鍵參考資源。」

    — Bao Ngo 宗師，越南武術黑帶十段，越南武術訓練手冊及《The Bao
       Way Self-Defense》DVD 作者

「Varady 大師將多年在競技及實戰方面的經驗凝練出來，為新手與有經驗的習練者提供了一個實用的學習指引，幫助他們提升訓練成效，改善技巧，並增強他們在擂台上或是街頭的競爭優勢。」

    — Neil McLeish，Doce Pares Eskrima 黑帶二段，菲律賓棍棒與刀
       兄弟會門派 Escrima 黑帶二段，武士拳法柔術黑帶一段。

「相較於我閱讀過的其它同類書籍,《短棍格鬥教本》闡述更加清晰、易於理解。本書深化了我對短棍術技巧和策略的理解,讀來宛如 Joe Varady 大師親自在旁指導我。書中每個階段都詳細闡述了如何打造堅實的基礎、實用的技術以及合理的策略,這些知識不僅適用於其它短兵器和中等長度武器,同樣適用於徒手戰鬥。對於各種層級的武術家來說,無疑都能有所收穫。」

　　— Alan Shen L. Cheung 宗師,少林寺流空手道九段,通用拳法系統黑帶七段,美國拳法空手道黑帶五段;2007-2008 年北美武術聯盟美國武術隊教練;萬象武術組織創始人;2007 年 NAFMA 全國錦標賽棍術和棍術形式第一名;2008、2016 和 2019 年 NAFMA 全國錦標賽成人黑帶武器總冠軍;2009 年和 2013 年世界空手道聯盟錦標賽黑帶武器和形式總冠軍;2004 年入選動作武術雜誌名人堂和世界空手道聯盟名人堂;2014 年入選費城歷史武術社會名人堂。

「Joe Varady 已將棍術學習提升至全新層次,對任何武術練習者來說都極具啟發。他對短棍術的原理、概念和過程的闡述非常深入且精確。他善於從各種武術中提取最有效的元素,並將它們融合演變成實用的訓練方法。書中照片在細節與應用方面極為出色,對任何認真學習武術的學員都是必讀之作。」

　　— Kirk Farber,越南武術黑帶七段,健康與品格教育 (FACEKids) 的執行董事兼創始人,同時也是《The Soft Style Training Manual》、《Teach the Teacher Operation Manual》和《Partner Operation Manual》等多部著作的作者。

「我是在 2014 年於匈牙利舉行的 WEKAF 錦標賽上認識 Joe Varady 大師的。我們在錦標賽期間曾是對手,他確實是一位卓越的格鬥家。隨後,在我多次訪問他的道場進行教學時,彼此的友誼進一步加深。Joe 的《短棍格鬥教本》涵蓋了學習棍術所需的一切知識,包括理論和實踐練習,從初學者到進階者都適合。祝我的朋友一切順利,並期待未來能再次一起訓練。」

　　— Perry Zmugg 宗師,奧地利茲穆格 Body Fight Art 中心創辦人兼負責人。

致謝

　我要向許多老朋友們表達感謝：Steve Wolk、Don Walz、David Lipscomb、John Aversa、Chris Hall；我的越南武術 (Cuong Nhu) 導師們，特別感謝 Dong Ngo、Quynh Ngo、Bao Ngo；感謝 Neil McLeish，我們在匈牙利的激烈對決令人難忘；感謝 Dave Berzack 設計出的「擊打點」；以及 Carol Riley 的精湛編輯技巧。

　特別謝謝才華洋溢且值得信賴的製作團隊：Madeline Crouse、Andrea Hilborn 和 Brian Lesyk；還有，感謝我的愛妻 Kathy，她始終耐心忍受我那些瘋狂的執著。

　書中示範模特兒：Joe Varady、Madeline Crouse、Kathy Varady 和 Brian Lesyk

攝影師：Andrea Hilborn

前言

　　大師喬・瓦拉迪 (Joe Varady) 的名聲有目共睹。在本書中，他系統性且結構化地介紹了中等長度武器在防身和競技中的運用。書中所述的理念、課程和訓練方式，有助於提升各種能力訓練者，包括新手、愛好者以及資深教練的專業知識。

　　喬大師以系統化的方式解析短棍術的核心技能，包括移動 (姿勢和步法)、攻擊 (握法和打擊技巧，涵蓋直線與弧線打擊) 以及防禦 (擋、撥和繳械)。他進一步闡述了這些技能在不同距離戰鬥中的變化。此外，他還提出了一些戰術變化，包括如何用棍對抗其它武器以及空手對抗短棍的策略。

　　本書還有幾個令人耳目一新的特點，有別於現存的書籍知識。首先，本書探討了多元文化間的武術體系歷史，揭示全球範圍武術家面對的相同物理與生理限制。遵循「真理即真理」的原則，本書還介紹了肌肉解剖學和神經系統，有助於讀者理解這些真理的基礎，並說明促進發展的特定伸展和肌肉強化訓練。在介紹了理論之後，每個階段都提供了相關的訓練示範，以加強理解。很高興看到這本書也提到了打擊重型沙袋來訓練爆發力的重要性，因為沙袋訓練成果不會說謊，從個人的全接觸對打看得出做了多少沙袋訓練。

　　過去三十年，我有幸與喬大師共同訓練，見證了他從一位充滿熱情的年輕習武者，成長為資深教練的過程。日語中的「Sensei」通常被譯為「老師」，但更精確的譯法是「先行者」。喬大師無疑是真正的先行者，他不僅長時間鑽研武術，還不斷探索和測試自己的技巧和理念，對所有武術門派持開放態度。他會定期參加不同武術體系的比賽，如菲律賓 Eskrima 和古代西洋格鬥術，並持續在道場與學員們切磋。他會根據所學，不斷改良自己的方法並且一次次進行測試。

　　我深感榮幸，喬大師將從我這裡學到的一些技巧和概念納入本書，如速擊法、字母系統、節奏掌握以及三三擋打（tres-tres）。在此，要感謝我的老師，擁有「都東」（Dodong）稱號的阿努爾福·奎斯塔（Arnulfo Cuesta）大師，以及他的老師——代表十二對協會（Doce Pares）的多風格 Eskrima 體系、擁有「迪奧尼」（Diony）稱號的迪奧尼西奧·卡涅特（Dionisio Cañete）宗師，正是他們教授給我的技術，我才能傳授給喬大師。

　　菲律賓在武術界以其短棍和刀術訓練聞名，我有幸在這些偉大的先行者門下學習了三十多年。我早期的空手道老師——米格爾·埃斯特拉達（Miguel Estrada）曾對我說，報答他最好的方法就是再教十人。如果能將喬大師視為我的十位學生之一，那麼我便已踏上了報恩之路。

**史蒂夫·沃爾克
（Steve Wolk）宗師**

十二對協會多風格體系
六次世界短棍術大賽冠軍

序

　　在過去三十年中，我學習了許多東方與西方的武術技巧。東方武術涵蓋了空手道、功夫、跆拳道、柔道、柔術、詠春以及菲律賓魔杖等；在西方武術方面，我則探索了拳擊、擊劍、長劍、劍盾以及各式盔甲格鬥技術。除了實戰訓練外，我還熱衷於研究和撰寫武術文章。我為「剛柔術」撰寫了六本訓練手冊，並為「活鐵格鬥學院」編寫了一本專業手冊。2016 年，我的首本專著《長棍格鬥教本》由 YMAA 出版發行。

The Phoenix ● Phoenixville, Pa. ● Friday, July 30, 1993

Take that!
Despite the temperatures in the mid-90s, Joe Varady (left) and David Lipscomb suited up for practice.

Staff photo by Barry Taglieber

1993 年與我的訓練夥伴進行對打練習。

　　身為一名武術狂熱者，我始終致力於磨練自己的技術。在 1990 年代初期，我有幸跟隨六屆世界短棍術冠軍史蒂夫・沃爾克 (Steve Wolk) 學習，並多次參與 Eskrima 比賽。自 21 世紀初，我在活鐵格鬥學院透過使用短棍術及各類武器，如橡木棒和鐵頭棒不斷提升武藝。

　　2014 年，我作為美國隊的一員，參加了在紐約舉辦的 World Eskrima Kali Arnis Frederatiokn (WEKAF) 錦標賽，隨後前往匈牙利，在全接觸長棍比賽中榮獲亞軍，並在全接觸雙棍項目中獲得第四名。

參加 WEKAF 錦標賽的美國隊，2014 年於匈牙利拍攝。

　　隔年，在紐澤西州澤西市舉辦的 Doce Pares 世界錦標賽上，我獲得了全接觸單棍金牌。2018 年在馬里蘭州巴爾的摩的 WEKAF 錦標賽上，我榮獲軟墊棍術冠軍。

　　閱讀武術教材一直是我的愛好，我家的圖書室藏書豐富。然而，我驚訝地發現，鮮有書籍能深入探討短棍術的實戰策略與技巧。這讓我想起了知名作家貝佛莉・克利林的一句話：「如果在書架上找不到你想讀的書，那就自己寫一本。」受此啟發，我決定深入挖掘短棍術的精髓並將其記錄下來，於是寫成了《短棍格鬥教本》。

　　在這本書中，我從基礎到高級階段，逐步介紹短棍術的訓練過程，並融合了不同武術流派的特色，使其易於融入任何基礎武術體系中。本書的設計目的是讓讀者能按階段學習和消化。只要你保持開放的心態，不斷探索並勤於練習，就能在實戰中靈活運用短棍，最終形成一套基於正確原則和精湛技巧的個人風格短棍術。

秋侯爵（Lord Aki）曾說過，
武勇在於成為武癡。
我認為這恰好與我的決心一致，
此後我對武術越來越癡迷。

– 山本常朝，《葉隱》

目 錄

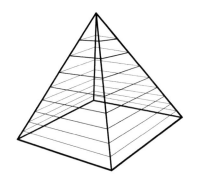

導讀

訓練階段劃分

本書介紹的短棍格鬥術並不特別區分派別，而是融合世界多種短棍術之長，整理並取其精華為九個合乎邏輯的訓練階段，讓讀者能快速且有條理地學習，以培養短棍術必備的技能。

書中內容融入短棍術的科學原理、詳細且系統化教學、使用特定訓練器材的說明，幫助讀者掌握短棍術的要義。無論你是剛入門或已習棍一段時間，相信都能滿足你的需求。

階段一：**基礎攻防**。與短棍合而為一！一切從基礎開始：穩定的架式、基本的步法以及有效的防守。掌握了這些基礎，再接著學習不同類型的打擊技巧，並且透過簡單易學的操作模式做練習。目標是輕鬆駕馭短棍，讓短棍成為身體的延伸。

階段二：**遠距離攻防**。要在實戰中壓制對手就要打好遠距離戰！學習如何有效運用基礎的攻防技巧，包含打擊、瞄準、打擊組合、二次打擊、假動作(佯攻)、節奏掌握、閃躲以及遠距離解除對手武裝。

階段三：**拉近距離**。控制敵我距離就能控制戰局！學習讓對手難以捉摸、無從防備的情況下，搶先對手一步從遠距離安全地進逼到中距離。

階段四：**中距離進攻**。速擊法會教你打出快速有效的組合技，並同時牽制對手的攻擊。

階段五：中距離防守。學習阻擋對手的攻擊，並利用一套簡便的中程距離繳械技巧來收場，令對手困惑於武器不知何時已離手。

階段六：近距離戰鬥。近距離格鬥的局面往往會變得極為凶險！掌握短棍在肉搏戰中的運用，學會施展具有毀滅性的棍尾打擊、震撼力極強的雙手合擊，以及能夠壓迫對手喉嚨的窒息技巧，再用精湛的擒拿和摔投技術來終結對決。

階段七：單棍對打練習。穿上裝備並投身於真實的對決中考驗技術。從輕接觸到全力對抗的訓練，學習短棍格鬥的重要準則。其中，需掌握如何自製緩衝武器（將武器包覆，以降低對練受傷的風險），使練習者放心發揮，以提高自身的技巧水準。

階段八：短棍對上其它武器。如果對手拿的不是短棍，而是像刀這種近距離武器，或是像長棍、矛等遠距離武器時，就需要運用短棍應對各種武器的威脅。

階段九：空手對短棍的防禦。當對手手中持有武器，而你卻空手時，這是最不利的情況！掌握必要的策略和戰術，不僅能幫助你險中求存，更能在劣勢中求勝。

除了以上所述之外，還會介紹一些訓練特定技巧所需的特殊裝備器材。每個階段最後的訓練課表也會介紹達成目標所需的訓練動作與內容。

在探索短棍術的世界中，你可能遇到各種對手，當然也包括不同的性別，以及不同慣用手的人。為了讓說明維持簡單，技巧演練與照片示範皆以右撇子為準。

　　短棍術不僅是一門技巧的藝術，更是一種高強度的體能運動。僅僅透過閱讀是難以真正掌握和運用這些技巧的，因此，我強烈建議你找尋一位經驗豐富的教練，進行系統化的學習和訓練。如果可能的話，與一位固定的訓練夥伴或加入一個練習小組會更有效益。在訓練的過程中，保持開放的心態，不斷探索精進是精通這門技藝的關鍵。

　　坦白說，本書並未囊括短棍術所有的風格和技巧，實際上我認為也沒有任何一本書能夠做到這一點。儘管如此，我相信本書在學習短棍術的路上，仍可幫助你邁向正確的方向。書中提供了豐富的內容，需要花時間和耐心逐步吸收和實踐。這段學習旅程將是對耐心和堅持的考驗，但相信當你回顧這段歷程時，對自己所達成的一切將感到深深的滿足和自豪。現在，讓我們準備開始這段精彩的旅程，你準備好迎接挑戰了嗎？

　　　　「沒有行動的遠見，就是一場很快被遺忘的夢。」

　　　　　　　　　　　　　　　　　　　— *Dong Ngo*（吳東）博士

學習短棍術的好處

　　學習短棍術的理由很多，它不僅是一項健康的體育活動，在生活中也很實用。無論是做為有效防身的技巧，或是當做娛樂兼健身的運動項目，短棍術都有其獨特的魅力，適合不同年齡與體力狀況的人參與。

　　在對戰或防身的時候，擁有超越對手的實力往往是優勢所在。而這種實力並不單指體格、肌力與格鬥經驗，如短棍這類武器亦能成為快速增強實力的重要工具。善用這些工具能顯著提升你的攻擊速度、攻擊力與攻防範圍，有能力抵抗體型更大的對手，甚至是多名對手。即使我們一般不會隨身攜帶短棍，在日常環境中也處處隱藏著許多替代品，例如雨傘、汽車天線、窗簾桿、馬桶刷柄、手杖、球棒和球拍等，這也使得短棍術成為可以隨時派上用場的防身技能。

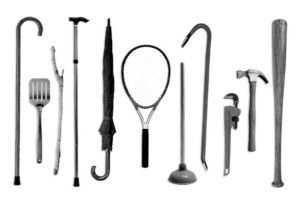

日常生活中常見的短棍替代品。

　　瞭解防身和競技運動之間的根本差異非常重要。競技運動是在模仿防身情境，但它是在安全有序的環境下進行，受到嚴格規則的約束，讓學習者能在理想的情況下專心訓練和提升技能。這種設定既培養了學習者的紀律和勇氣，也為實際防身情況奠定了基礎。然而在現實中，防身的目標是逃離危險，而非戰鬥到最後，也沒有固定的規則限制，唯一重要的就是生存。

　　經過專業訓練的棍術格鬥者，和持棍的普通人之間也存在明顯的差異。訓練有素的格鬥者經由持續不斷的練習，已經學會以更快的速度和更高的效率使用短棍，他們的身體已經習慣了與棍棒共舞的動作和技巧，從而達到以最小的力量產生最大的效果。相比之下，那些未經訓練的人，即使天生力量更大，也無法有效利用此一優勢，因為他們的動作過於依賴肌肉力量，導致短棍的打擊速度與力量都無法發揮。

　　精準的瞄準和打擊技巧也至關重要，因為只有擊中對手的脆弱部位，才能有效制敵。經過訓練的格鬥者不僅掌握了使用棍棒的技巧，而且熟知哪些人體部位是最有效的打擊目標。這種能力的培養需要大量的練習和對打。缺乏訓練的人往往在需要迅速作出反應和準確打擊的關鍵時刻，顯得手足無措。

　　棍術格鬥訓練要求持續不斷地反覆練習，並挑戰自己的極限。這種訓練方式不僅能提升心肺功能和整體體能，亦使得格鬥者在長時間的戰鬥中保持良好的表現。從養生的角度來看，這種訓練同樣能幫助維持良好的健康和體能狀態。

短棍術歷史簡介

　　短棍術做為防身術與競賽項目已經有上千年的歷史。世界各地的文化形塑出不同的短棍格鬥門派，各有其優缺點，且各門派也培育出許多戰力高強、讓人尊敬的格鬥家。

　　隨著人類學會打鐵鑄劍後，短棍格鬥就演變成刀劍格鬥。金屬武器與護具的成本較高，危險性也大幅提高。而短棍的殺傷力較低，價格便宜且容易取得，這種優點讓人們常常以短棍替代劍術練習、競技比賽和防身訓練中的刀劍。

　　歐洲的棍術格鬥傳統包括**愛爾蘭席萊利棍**（Irish shillelagh）和**法國手杖術**（French cane）。雖然兩者都源自於手杖，但性質截然不同。席萊利棍一般是由堅硬的橡木或黑刺梨木製成，棍頭有一個大球狀把手，通常做為棍棒或警棍使用。在英國喬治時代（18 世紀早期至 19 世紀中期）流行一種用木製武器對決的格鬥項目，名為**棍棒戰**（cudeling 或 single stick）。比賽的目的是將對手頭部、臉部或頸部皮膚打出血為勝，由於要打到流血可能需要較長的時間，因此選手就需要具備良好的體力。

　　法國在十九世紀時禁止百姓使用刀槍，於是手杖就成為流行的武器。現在法國手仗術選手會像**葡萄牙棍術**(jogo do pau) 選手一樣，穿戴防護服與擊劍面罩進行比賽。

法國手仗術插畫。

　　在南非，我們發現了**東加棍術**(donga 或 dlala 'nduku)，意思就是玩棍子（ 譯註：另一名稱為**恩古尼**(Nguni) 格鬥術，是南非恩古尼(Nguni) 牧民的傳統武術）。參賽者一般手持兩根長棍，一根用來攻擊，另一根則用來防守。這種儀式性的比賽都是全接觸，穿戴的護具也極少。這項傳統技藝透過跨大西洋奴隸貿易傳入加勒比海的巴貝多(Barbados)，使得棍棒對打(sticklicking，譯註：又稱 Bajan sticklicking，是源於非洲的短棍術) 至今仍盛行於巴貝多。

　　當時的非洲奴隸也將棍術帶入千里達(Trinidad)，發展成 bois 武術。bois 的武器為約四呎長的粗棍，並結合了打鼓和舞蹈。但別被這種貌似歡樂的氣氛騙了，所有的比賽都是全接觸，參賽者不穿戴護具，讓對手先流血的就是勝利者。

　　亞洲也有獨特的傳統棍術。其中有日本棒術(或稱棍法)，代表性的武器是六呎長的 rokushakubo (六呎棍)，還包括四呎長的 jo (四呎棍) 和三呎長的 hanbo

（三呎棍）。目前世界上最受歡迎的棍術藝術則是菲律賓的武術：eskrima、kali 和 arnis，幾乎在每個國家都有人習練。菲律賓短棍術格鬥家（Eskrimadors）通常穿著有護具的外套、手套和面罩式頭盔，使用藤棍進行高強度、全接觸的比賽。

　　以上列舉的只是所有門派中的一小部分，全世界還有非常多類型的短棍術傳統。每個門派都有各自的優點和缺點，也有共通之處。過份關注各門派的區別，可能會失去對整體理解的機會，真正重要的是這些技術背後普遍適用的原則，這些共通點構成了棍術的核心，每位棍術格鬥者都應當掌握、理解並運用之，這也正是棍術藝術與科學的基礎原則。

左圖：埃及棍術格鬥的浮雕。右圖：1779 年由 Agostino Brunias 創作的版畫，標題為《多米尼加島上英法黑人之間的棍棒比賽》。

將傳統文化與技術持續改進

全球各地都有各自獨特的傳統棍術體系。這些體系不僅擁有豐富的歷史背景，還有其正規的訓練方法。這些棍術門派和風格提供了許多難以在其它地方找到的優點，例如提供完善的課程教學、隨著加入特定團體而產生的社群連結，以及獲得能直接向精通該藝術的大師級實踐者學習的機會。

這些高級技巧和訓練過程比基礎技巧更為複雜，需要更高水準的協調和技能。這種挑戰性是高級技巧吸引人且更富趣味的原因。技巧和練習方法不僅展示出使用棍子做為武器的可行性，還能深入探索其潛能。然而，這並不代表高級技巧的實用性就高，因為它們通常依賴於非常特定的情況才能成功，而這些情況在混亂的實戰中很難出現。這也使得即使是經驗豐富的格鬥家，在對抗不按牌理出牌的對手時，也很難用得上高級技巧。

棍術的本質是在對手傷害到自己之前，先行控制或制止對手，若過度強調技巧，反而容易忽略這個本質。儘管我個人喜歡習練高級技巧，但在實戰中保持簡單通常是最好的選擇。因此，為了運動競技與防身之所需，我會偏向教導實用性高且成功率也高的技巧。

本書教導的短棍格鬥術並非任何一種傳統的短棍術，而是經過我消化整理出各種成功率高的短棍術技巧，所衍生出的現代短棍格鬥精華，相同的技巧也適用於任何短兵器。

「各個流派都有自己的教義，
這些教義往往變成了鐵板一塊的教條。
但如果你不拘泥於既定風格，而是思考
『作為一個人，我該如何全面且完整地表達自己？』
那麼學習武術就會成為一個持續的成長過程。」

── 李小龍

開始前的話

在開始任何重要的事情之前，都需要先有一個明確的目標，例如：「我想在棍術比賽中獲勝」，但這究竟代表什麼意思？我們必須清楚什麼是「獲勝」。事實上，在競賽中的獲勝與遇險情況下獲勝有著很大的差異。

運動競技是在擂台上與另一位參賽者對戰，目標通常是盡可能多擊中對手取分，而且自己要盡量避免被擊中。有時比賽會限制接觸的強度，有時則是全接觸比賽。而且比賽使用的棍棒有可能需要加上保護襯墊，參賽者也可能被要求穿戴護具，只要比賽有規則，就會被視為一項運動。

另一方面，防身的目標是存活到逃離或制服攻擊者，贏家是平安的那一方。因此，如果有機會逃離現場，而且沒有其他家人或朋友需要你的保護時，就應該抓住機會。雖然逃跑看起來有點孬，但卻是明智的做法。

以我的經驗來說，在衝突狀況變得更糟之前，戰術性撤退絕對是利大於弊。迅速離開現場，一般就足以使攻擊者停止 (除非他真的非常憤怒)，而且只要審慎觀察情勢，就可以將危險降到最低。當然，這並不表示完全不需要戰鬥，而是及早利用機會快速離開，不但能確保人身安全，也能避免因打鬥而犯法。

當然，你也可能遇到無法逃離的情況，比如說被困在原地或有其他人需要你保護。再者，你也可能是一名保全或警察，就有責任留在現場面對歹徒。在這些情況下，首要目標就是盡可能以安全且快速的方法制服對手。

我們的短棍格鬥方法應該是透過運用策略和戰術來達成目標。策略是指整體的計劃，比如說控制敵我距離來掌控戰局。戰術則是指達成策略目標所需的技巧，比如說用特定步法保持在對手的有效攻擊範圍之外，或是利用步法迅速拉近雙方的距離。

在實戰中，原本良好的細微控制能力一定會受到某些程度的影響，導致靈活性下降，因此盡快結束戰鬥是生存的關鍵，這可以運用許多策略來達成。一個最基本且有效的方法就是保持與對手的距離，同時進行足以造成對手疼痛的遠距離打擊，破壞對手的感知能力，從而找到機會迅速以一記重擊打中對手的弱點，快速結束戰鬥。

想在格鬥時有效運用短棍，就必須經過充分的練習，使短棍成為身體的自然延伸，隨時保持準確的揮擊與穩固的防禦，將短棍技巧與你本身的武術或防身根基相結合，發展出符合個人特色的格鬥風格。要知道，學習任何新技術都需要時間的累積，每個階段都要循序漸進、穩紮穩打。

本書的目的是教導短棍格鬥的實戰技巧。大部分的練習都包括簡鍊的兩步或三步連續動作，是基於實戰中可能遇到的高強度肌肉活動，以及預測對手的常見反應。雖然我有幸修習過多種短棍流派的風格，但會刻意避免侷限於任何單一系統的教法，而是融合多種風格的共通技術，這些共通點就是最核心也最有效的精華所在，因此在學習和實踐格鬥技巧時保持開放的心態，不要自我設限只學某一派的短棍術。

各章節介紹的策略、戰術與技術都是基於我過去三十多年的學習成果，這些技術皆已經過測試且證明有效。當然，在學習的過程中，我也有幸請益許多才華洋溢、學識淵博的導師與師公們，以及吸收他們所做的研究。然而，文字和圖片只是紙上教學，唯有不斷練習才能學以致用。

「千里之行，始於足下。」

— 老子

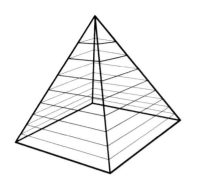

暖身與緩和

暖身和伸展練習

運動傷害層出不窮，然而多數都可以透過正確的暖身來避免。適當的暖身可使體內核心溫度上升兩到三度，效果可持續約四十五分鐘，這不僅為肌肉進行後續運動做好準備，同時也有助於預防運動傷害。一套精心設計的暖身流程配合輕度動態伸展，就能使肌肉更柔軟、更有力、更靈活，顯著提升整體表現，並降低受傷風險。

無可諱言，許多人對於暖身抱持著可有可無的態度，我來講一個自身的故事做為警惕。我在 2018 年 4 月參加了美國東岸馬里蘭州舉辦的世界菲律賓武術大賽，當時的我意氣風發保持不敗紀錄，已經在長棍術和軟墊棍術中奪下金牌，正準備在刀術中將第三面金牌也摘下。我在第一場比賽時取得勝利，但第二場進行到一半時，我突然聽到「趴」一聲，感覺就像有人拿棍子狠狠打了我的小腿。我環顧四周想看看是誰打的，但場中只有我和對手。我問裁判：「誰打我？」裁判聳聳肩表示：「沒人打你！」我忍住極度的疼痛打完比賽而且竟然還贏了，下場後就立刻冰敷小腿止痛。然而到了最後一場比賽快撐不住了，只能靠一條腿勉強打完，結果以四比六的比分輸了。回家之後一查資料，才知道我的小腿應該屬於三級撕裂傷。

敗給強大的對手沒有關係，但我竟然敗在自己的愚蠢。我為這個比賽努力訓練並準備充分，但卻忘了最基本的事情：暖身。剛到比賽現場時當然會做暖身，但

距離比賽隔了 5 個多小時，而且由於整天站著，腿部肌肉變冷變僵硬了，即使賽前快速做了些伸展，但明顯不夠。因此在高度對抗下，小腿就嚴重拉傷了，不僅拿不到這面金牌，還耗費幾個月的時間復原。

這正是為什麼優秀的教練都會在運動前納入特別設計的暖身運動，目的是提升運動表現並減少受傷風險。暖身的好處不僅包括提高肌肉的柔軟度、穩定性和活動範圍，還能增強運動者的精神集中力和心理準備。其部分效果源於有氧運動釋放的腦內啡，能讓運動者感覺更加自信，準備好迎接挑戰。

研究顯示，透過運動讓體溫稍微上升可以提高運動表現。適當的暖身可讓血管擴張，減少血液流動的阻力，讓心臟盡可能減少負擔。血流量增加，不但能避免肌肉僵硬，也能增加氧氣和營養的運送，並提高肌耐力，盡可能長時間保持最佳狀態。暖身也可以增加排汗讓身體散熱。

體溫上升可增加肌肉和肌腱的彈性，讓肌肉和肌腱的伸展更好且更有效。體溫上升還能提升神經受體的敏感度，提高神經脈衝的傳遞速度，也就是肌肉收縮更有力、伸展更快速。這樣一來，速度和力量就會增加，施展短棍術會更有威力。

暖身要進行 5-7 分鐘的低強度或中強度活動，直到稍微流汗為準。暖身活動可以選擇低強度有氧運動或增強式訓練，比如說慢跑、健身車、跑步機、空拳訓練等。而最適合短棍術的暖身活動應該是跳繩，能徵召短棍術會用到的所有肌肉。

無論進行哪種活動，都要將目標心率提高到大約最大心率的百分之 55 到 60。計算個人最大心率的通用公式是用 220 減去年齡，此數值就是你能安全承受的上限。舉例來說，40 歲的人最大心率為 180 (220 – 40)，其暖身的目標心率就大約是每分鐘 100-120 下。

此外，還要進行低強度的動態伸展，讓四肢進行最大活動範圍的運動，並逐漸增加伸展的程度和速度。動態伸展的動作包括雙臂和雙腿擺動及畫圈，以及拿短棍緩緩旋轉和打擊。

　　如果發現某個部位的活動範圍受限或僵硬，可以考慮短暫的靜態伸展 (例如用泡棉滾筒按摩局部僵硬的位置)。運動前的靜態伸展時間不要超過 30 秒，否則肌肉反應會變遲鈍。

　　以下是幾種暖身動態伸展的常見動作：

一開始雙手握住短棍兩端，並將短棍高舉過頭 (1a)。向右側傾斜，伸展背闊肌和腹斜肌 (1b)。回到直立姿勢，向上伸展時稍微向後傾 (1c)。向左傾斜，伸展另一側的肌肉 (1d)。

將短棍握在身體正前方，並盡可能向前伸展 (2a)。上半身向右轉，並且朝右肩看，形成從腳踝到頸部的扭轉伸展 (2b)。再次將短棍握在身體正前方，並盡可能向前伸展 (2c)。上半身向左旋轉，並且朝左肩看 (2d)。

回到向前的姿勢 (3a)。轉向右側,彎下腰,往身體右下方伸展 (3b)。轉成正面彎腰,伸展背部肌肉和腿後肌 (3c)。轉向左側,彎下腰,往身體左下方伸展 (3d)。

右手伸過胸前,左手從下方勾住右手臂,伸展肱三頭肌和三角肌 (4a)。換邊伸展另一側的肌肉 (4b)。將短棍垂直握在身前,棍尖朝地,為手腕和前臂暖身。以順時針和逆時針的方向將短棍 360 度來回旋轉 (5a 和 5b)。換手並重複動作。

將短棍置於手肘內側,同時用右手抓住左手手背,手指抓住左手掌根,拇指壓住左手小指指根。將手向內旋轉,小指朝向身體中心,伸展手腕 (6a)。換邊並重複動作 (6b)。瑜伽的「下犬式」可以伸展小腿肌肉 (7a),而「戰士二式」則可幫助身體做好弓步的準備。前腳腳跟要與後腳足弓維持在同一直線上 (7b)。

訓練器材：跳繩

短棍術需要良好的體能、輕盈的步法和靈活的轉身，打擊才能快速且具爆發力，因此需要良好的腿部肌力及耐力。然而，並非所有的腿部訓練都能滿足短棍術的要求。

雖然深蹲有助於增加腿部肌力，但與實戰的爆發速度相比，仍不夠快速且時間不夠長。跑步會比深蹲來得好，尤其是提升心肺耐力，但跑步腳跟－腳尖輪換的著地方式與短棍實戰腳尖著地的方式不同，這會使腳步變慢變重，不但浪費體力而且讓對手更好預測行動。

相對來說，經常跳繩的格鬥者更能輕鬆的彈跳與流暢的移動，能培養棍棒戰鬥中有效打擊和移動所需的細微肌肉的快速收縮能力。而且跳繩也需要快速協調的反應能力與敏捷性，這就是為什麼規律跳繩訓練，可使格鬥者更強大且動作更有效率的理由。

一開始跳繩可能會覺得困難且容易累，這通常是身體過度緊繃所致。隨著「肌肉記憶」的形成，也就是大腦中的神經通道暢通，動作就會變得更加自然而放鬆，如此就能在消耗較少能量的情況下跳得更久。這種放鬆在實戰中相當重要，因為你很可能需要長時間不斷揮擊而不感到疲累。因此在掌握了跳繩的技巧後，就能在較省力的情況下揮出上百次有力的打擊，這是其他腿部訓練動作無法帶來的好處。

跳繩有許多不同的變化方式，最基本的就是雙腳跳。用雙手握住繩子兩端把手，讓繩子中段在身前垂落於地面，接著雙腳跨過繩子，使繩子位於腳後，準備好跳繩的姿勢。接著，雙手甩動跳繩由後往上由頭頂揮過繞圈，當繩圈繞到腳下前，雙腳前掌輕輕一躍讓繩子通過繼續環繞。

標準雙腳跳

　　另外，還有很多種變化，可以試著在跳起時：交叉雙臂；二迴旋；每次左右腳輪流著地；每隔三跳換一次腳；也可以左右腳各跳 10 秒，並逐漸增加單腳跳的時間；跳起時將單腿膝蓋抬高到腰的高度。其他還包括側跳、前後跳、開合跳、腳尖點地、腳跟點地等等變化。

交叉跳

　　跳繩不僅是消耗熱量的好方法，其運動模式亦可訓練到與棍棒實戰時相同的肌肉。

挑選適合自己的跳繩

　　跳繩的材料會影響繩子的耐用度與甩繩速度。尼龍編織繩甩動的速度較慢，打到身體的痛感不大。而皮製或鋼索繩的甩動速度很快，但打到皮膚時就像被鞭子抽到一樣。

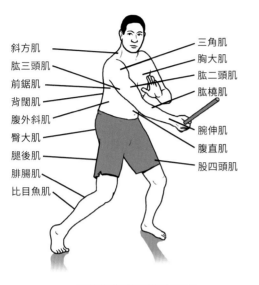

斜方肌
肱三頭肌
前鋸肌
背闊肌
腹外斜肌
臀大肌
腿後肌
腓腸肌
比目魚肌

三角肌
胸大肌
肱二頭肌
肱橈肌
腕伸肌
腹直肌
股四頭肌

揮動短棍徵召到的肌肉

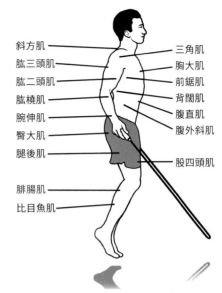

斜方肌
肱三頭肌
肱二頭肌
肱橈肌
腕伸肌
臀大肌
腿後肌
腓腸肌
比目魚肌

三角肌
胸大肌
前鋸肌
背闊肌
腹直肌
腹外斜肌
股四頭肌

跳繩徵召到的肌肉

　　跳繩的適合長度因人而異，可先量測胸口頂端至腳底的長度，再乘以二就是最適合的跳繩長度。一般來說，身高 157~167 公分的人適合用 2.4 公尺長的跳繩，而 168~188 公分的人適合用 2.7 公尺長的跳繩。熟悉跳繩技巧之後，可縮短繩長以加快甩動速度。

　　跳繩的握把材質一般是用 PVC、矽膠、木頭、金屬。較重的握把對上半身的訓練效果更好。如果想自製握把，可將選擇好的材料切割成兩個各約 15 公分的長度 (長短可自行調整)，在兩個握把上各鑽一個能讓繩子穿過的孔。

　　你也可以在跳繩串上珠子，因為珠子可增加繩子甩動時的穩定性，珠子碰到地面時會發出聲音，可藉此維持跳繩的節奏。如果要穿上珠子，就要在連接握把前，先用繩子穿過一顆顆打好洞的珠子。

編註：這種珠子一般是用堅固的塑膠製成，價格低廉且耐用，套在繩子上可避免繩子本體直接拍擊地面以減少磨損，增加跳繩的使用壽命。

　　然後，將繩子一端穿過其中一支握把的鑽孔，並以繩結固定以免從握把滑出，用打火機小心烤平尼龍繩的繩頭。繩子的另一端也穿過第二支握把，但先握住而不要固定。接下來要試跳一會兒，評估繩子的長度是否適合。如果長度太長，可將多出來的長度從未固定端的握把拉出，將其握住或暫時打結固定，調整完後再試跳，直到繩子的長度剛好，就可以將另一端的繩子打結，將多餘的長度剪掉，並用打火機燒平繩頭。

　　跳繩的草圖、詳細的跳繩製作說明，以及更多訓練器材的製作，請參考本書結尾的附錄。

緩和

　　緩和是運動完之後才做，與暖身同樣重要。當進行密集的訓練和比賽時，身體會從日常的休息狀態，也就是副交感神經主導的生物節律，切換到戰鬥或逃跑模式，交感神經系統在此模式下會被激發。這種變化會導致心跳加速，肺部支氣管擴張，並且減慢消化過程等，讓身體以最佳狀態運作。但若身體長時間不能恢復正常狀態，就會產生一些負面影響。

　　緩和會將運動後的呼吸次數與心率降到正常範圍，將身體和肌肉的溫度降至運動前的狀態，並有效讓消化系統恢復。

　　訓練結束後，要讓心率逐漸降低。如果沒有經過緩和過程就貿然停止運動，會導致血液積聚（ 編註: 一般是指血液在腿部或下肢靜脈中積聚，這種現象稱為靜脈血液回流不足）。在激烈運動時，心臟必須快速將血液泵送至全身，藉由肌肉收縮再將血液推送回心臟。但如果突然停止運動，肌肉就不會大力收縮讓血液回流，而會在腿部積聚，這會導致血壓下降，可能讓人感到頭暈甚至暈倒。

　　因此，必須花幾分鐘做緩和動作讓心率逐漸降低。靜態伸展需要長時間維持固定姿勢，幫助疲勞的肌肉放鬆與拉伸。進行伸展時，一次只專注在拉伸一個部

位，可以獲得更好的效果。要注意的是：不要過度伸展關節或強行硬拉到會疼痛的程度。應該讓身心合一，藉由感受身體每塊肌肉累積的張力、透過意識釋放張力，有效放鬆緊張。

持續的靜態伸展 (超過 30 秒) 應該安排在運動結束時進行，有助於將乳酸從肌肉中排出以縮短恢復時間。乳酸在運動過程中會積聚在肌肉中，運動結束時進行伸展有助於將這些乳酸移動到血液中帶走，讓身體恢復到運動前的狀態。

緩和需要至少進行 5-10 分鐘，讓運動後的恢復更快速且完整，讓身體為下次的訓練做好充分的準備。

自律神經系統

交感神經系統 「踩油門」		副交感神經系統 「踩煞車」
瞳孔放大		瞳孔收縮
抑制唾液流動		促進唾液流動
心率增加		心率降低
支氣管擴張		支氣管收縮
減少消化液分泌		增加消化液分泌
肝醣轉化為葡萄糖		葡萄糖轉化為肝醣
抑制膽汁產生		促進膽汁產生
免疫力下降		免疫力上升
腸道蠕動減緩		腸道蠕動加速
括約肌收縮		括約肌放鬆

讓體溫上升

讓體溫下降

MEMO

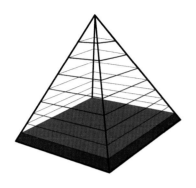

階段一
基礎攻防

選擇短棍

短棍的選擇有很多，材質可以是硬木或藤，長度可長可短，重量可輕可重。

本書介紹的技巧可應用在各種長度和型式的短棍上，不過示範圖片主要是使用**藤製卡利棍**（kali stick），長度大約 28 吋（71 公分）。這個長度對普通身高範圍的人來說長短適中，不但接觸範圍良好，也比更長更重的短棍更能快速揮動。我身高 188 公分比一般人高，選擇大約 31 吋（79 公分）的短棍，雖然比一般棍子稍微長了一點，不過揮動起來完全沒問題。

較長的短棍明顯有較長的接觸範圍，能夠從較遠的距離進行攻擊；較短的短棍通常重量較輕，使得揮動的速度更快。較重的短棍能夠發揮出更強的打擊力和更有效的防禦效果，缺點是揮動的速度較慢，適合訓練控制短棍所需的肌肉；較輕的短棍揮動速度較快，但打擊力較弱，而且受到猛烈打擊或格擋時較易折斷。

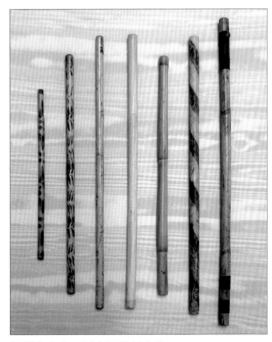

短棍有大小、長度及重量之分。

在訓練動作套路或自由對打時，輕型短棍能夠提供更高的靈活性和速度，使動作更為流暢和精確，這種特性也是表演或技術演練的理想選擇。

短棍的最大長度取決於身高。自然抓握短棍、雙臂垂放身體兩側時，短棍的末端應剛好在腳踝下方。若超過此長度，在旋轉或打擊時就容易敲到地面。短棍的直徑大約 1 吋 (2.5 公分)，要堅固但又不能太粗，否則手指無法完全環繞短棍。

我推薦使用由藤蔓製成的藤棍做為練習武器。藤蔓雖然外觀類似於竹子，但不同於竹子的中空結構，藤蔓是實心的，且其重量遠低於普通木材。這種特性使得藤蔓在訓練時既輕便又安全，即使不小心擊中訓練夥伴(這種情況難免)也相對

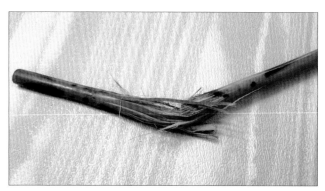

溫和。經過長期反覆擊打後，藤蔓的纖維會逐漸分離，棍子會逐漸失去剛性，但它不會像一般木材那樣裂開形成鋒利的尖角，正因如此，藤蔓在很多方面都比木材更加理想。

藤蔓的纖維在分離後不會像木頭產生鋒利的邊緣。

木材是製作重棍的理想選擇，適合提升肌力和打擊力。在選擇木製武器時，需要確保它具有足夠的耐用性和抗斷裂能力，因此硬度成為考量的重要因素。木材一般分為硬木與軟木，然而這種稱呼並不代表木材的實際軟硬程度。硬木的來源是落葉樹(每年秋天會落葉的樹木)，而軟木的來源則是常綠樹(有針葉且全年不落葉的樹木)。

特定木材的實際硬度需要透過**楊卡硬度測試**(Janka hardnes test) 來確定。在這個測試中，科學家會測量需要多大的重量才能將小鋼球壓入木材樣本。測試結果不一定能預測木材的抗擊能力，但可以當作依據。楊卡硬度指標有從五百磅到五千磅的重量。

　　最適合武術訓練的木材，楊卡硬度都超過兩千磅重量，包括紫心木、紅果仔樹、刺槐、柿樹、梧桐和山茱萸。不建議使用的有山核桃木和樺樹，因為楊卡硬度較低容易碎裂。白臘木的楊卡硬度也很低，但由於具有很高的彈性模量（也就是彎曲後仍能彈回原狀的抗形變能力），因此不易斷折。推薦可選擇非洲胡桃木，因為不僅硬度高、彈性大，而且木紋交織，緩衝能力良好。

　　無論使用什麼材質，每次訓練前都要仔細檢查短棍表面，如果有尖刺則要清掉或用膠帶黏起來。另外，若棍上有光亮的保護漆面，可能會在流汗的情況下從手中滑脫，為了避免這種情況，要用砂紙磨掉短棍上的保護漆面。

　　格鬥練習最重要的是訓練品質，而不是武器的規格。平常在外面遇到麻煩時，通常不會剛好帶著短棍在身邊，此時就需要隨機應變，無論手邊武器是長是短、是輕是重、是利是鈍，都要有效運用。因此要提高勝算，必須訓練各種武器的使用以及各種距離的操作。

持棍法

　　短棍術的入門就是如何持棍。持棍非常重要，因為抓握短棍的方法會直接影響出擊的力量與速度。單手持棍基本上有三種方法：自然握法、中間握法和反手握法。中間握法和反手握法主要用於近戰，留待階段六：近距離戰鬥中再詳細介紹。

　　遠距離和中距離打法適合自然握法，也是大部分人持棍的本能握法，不僅攻擊範圍廣，力量的發揮也比中間握或反手握來得好。

　　自然握法先用四指指尖抓住短棍一端，手掌底部離短棍尾端 2.5-7.5 公分，再用拇指扣住其它手指（注意拇指不要伸直）。短棍要握穩但不要過緊，因為過度緊繃會降低揮動速度。如此即可用較長的一端進行打擊，也不至於讓較短的一端露出太多，使對手無法輕易抓住短棍尾端，進而奪走短棍控制權。

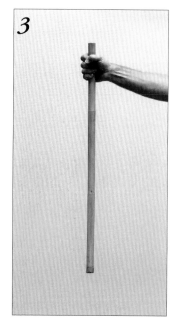

| 自然握法 | 中間握法 | 反手握法 |

有經驗的格鬥者通常會採用較為放鬆的握法，這使得他們能在擊打的最後階段最大化利用棍子的揮鞭效果。提醒！即使是最頂尖的格鬥者，過於鬆散的握法一樣會增加被繳械的風險。有些人會將拇指壓在棍子上，但只要不扣住其它手指，都很容易被對手奪走。

在學習短棍術的基礎技巧時，建議使用慣用手持棍。這不僅可以讓你更自然地掌握動作，還能快速提高技能的穩定性和準確性。對於初學者來說，使用慣用手練習可以更有效地學習和適應各種動作，同時也有助於減少學習初期的挫折感。隨著技能的提升，會學到更多高級的戰鬥姿勢，包括使用雙手或非慣用手的技巧。這些進階技巧在本書後續章節中會介紹。現在，我們先專注於掌握中、高位防禦姿勢，在實戰中都是非常重要的基本技能。

你的防禦動作應該持續移動，保持流動且連貫，而非固定不動。這樣可以讓你的行動更難被對手預測，同時也會讓對手不斷猜測你接下來會做什麼，從而持續佔據他的注意力。移動並不是隨意變換姿勢，而是要思考策略和戰術。

中位防禦架式：中位防禦架式是一種非常自然的持棍方法，也是萬用姿勢，攻守皆宜。從這個姿勢可以進行各種打擊。由於棍子垂直立在眼前，可以用最少的力氣防守最大的身體部分。沒有持棍的空手要保持戒備，但也不要伸得太出去。

高位防禦架式：高位防禦架式適合保護頭部，特別是阻擋右撇子對手的進攻。高位防禦架式也可以用於攻擊，因為防守本身就是為打擊蓄力的準備姿勢。

防禦時，盡量讓自己的短棍與對手的武器保持垂直，讓他更難進行有效打擊。如果對手的短棍做上下切換時，也要隨之切換高低。進攻時，由於靜中有動比動中有靜更容易被察覺，所以要採取動作流暢、不斷變化的防守，在欺敵同時隱藏自己的攻擊意圖，如此在打擊時才能讓對手來不及格擋或閃躲。

無論如何持棍，空著的手都應積極試探並防備對手持棍的手。但要注意的是，防守的手不要伸得太出去。若對手持棍的手不在攻擊距離內時，則防守的手應靠近身體，做好準備姿勢。

架式

架式是一種保持身體正確排列、重心平衡的姿勢，讓體重均勻分布在穩固的基礎上，讓你能有效地進行戰鬥。經常用到的有五種基本架式：準備或格鬥架式、前進架式、突刺架式、後退架式和貓足架式。架式絕不能一成不變，要根據對手和瞬息萬變的戰場狀況而變化。

基本的格鬥架式（準備架式）。

　　為了讓移動和打擊更有力量，上半身與下半身的動作必須協調一致。脊柱是身體的中心軸，要保持直立但放鬆的狀態，如此在移動時最省力，且不需要花費太多力氣重新平衡，就能進行下一次有效打擊。

格鬥架式（準備架式）

　　基本格鬥架式是起手的半蹲姿勢，又稱準備架式，由於能朝各個方向快速移動，所以是很好的中立姿勢。雙腳站立與肩同寬，一腳在前、一腳在後，體重平均分配在兩腳上。屈膝微蹲，核心內收。前腳掌著地並保持輕盈，讓雙腿能做出快速且靈活的腳步。要記得雙手舉在前方做好準備，手不要往下垂落。

前進架式

前進架式、突刺架式

　　前進架式能讓攻擊距離更大、力量更強，通常用於攻擊時擴大距離。前進架式的做法是：從準備架式開始，前腳向前滑動，直到兩腳距離約為肩寬的兩倍，且大部分體重前移到前腳拇趾球上。完成姿勢為後腿伸直（但不鎖死）、前腿如弓步。前進架式適合進攻，但必須隨時準備後退或側向移動。

突刺架式

　　前進架式的加強版就是突刺架式，也就是前腳跨距更遠，但須注意跨部不要過度伸展。雖然體重大部分放在前腳拇趾球，但雙腳都貼地，且前腿的膝蓋位置不要超過腳趾。

當進行突刺之後，必須能快速收腿回復到較靈活、破綻小的架式，就需大力推前腳拇趾球，並同時用力收縮大腿內收肌群，將前腳迅速拉回。

後退架式、貓足架式

後退架式是一種防禦動作，主要用來迅速躲避對手的攻擊。當需要將身體快速後移，避開對手攻擊範圍時就可以採用這個架式。要進入後退架式，首先將重心向後移，讓大部分體重都放在後腿上，前腳則輕輕觸地，承擔較少的重量。在這個過程中，保持身體低矮，像是蓄勢待發的蛇，可以隨時做好準備應對接下來的狀況。同時保持雙膝彎曲，避免將前腿伸直，因為伸直的前腿很容易被一腳強力踢中或被棍子打到膝蓋。

前腳向後收，形成貓足的短後退架式。前腳僅承載大約 10% 的體重，雖然貓足缺少長距離站姿的穩定性，但可使後腿保持彈性，便於快速朝任何方向移動。

利用貓足和後退架式，在對手的攻擊範圍外靈活移動，等待機會迅速朝前發起攻擊。

後退架式

貓足架式

基本打擊技巧

　　要成為一名出色的棍術鬥士，就需要學會如何與武器合而為一。藉由練習下頁開始示範的九個基本打擊動作，可幫助你了解身體的運作，尤其是身體與短棍、身體與平面的關係。透過訓練，將更瞭解自己佔據的空間、身前的空間以及周圍的空間。亦能學習掌握相對距離、打擊距離、打擊面和棍尖的控制，以及學會透過核心發力來傳遞力量。

　　基本打擊動作共有九種。一開始，每個動作要單獨練習，確保每一擊的路徑都相同。揮棍時要力求精準，由慢到快、由輕到重。建議練習時面對鏡子或錄下自己練習的影片。

　　正確擺放身體、持武器的手和腳的位置，對於有效的打擊相當重要。打擊的力量應來自身體的重量與動量，而不能只靠手臂和肩膀的肌肉力量。因此，在揮棍打擊時，應旋轉腳掌拇趾球，順勢將髖部和肩膀的力量帶入。但身體轉動的幅度不要過度，以免暴露側面讓對手逮到反擊的空檔。

　　九個動作可依照以下模式串連起來練習 (以右手持棍為例)。開始時採取**開放式準備姿勢** (攻擊的手臂位於身體同側)，然後從右上往左下打擊 (見圖 1a、1b)，這是最常見的攻擊角度。

　　每次打擊都應該從準備架式開始，並用全力完成，確保動作達到最大活動範圍。雖然移動距離短的動作速度會更快，也比較適合實戰，但仍然必須從基本開始，學習每次揮棍的發力方式，然後才能嘗試簡化整體動作，減少準備與結束姿勢的同時仍能發揮最大的速度與力量。

　　短棍握在身體同側的姿勢則稱為**開放式準備姿勢**，短棍握在身體對側蓄力的姿勢稱為**封閉式準備姿勢**。普通格鬥者幾乎都是從開放式準備姿勢發起攻擊。封閉式和開放式準備姿勢又可依照持棍的位置分為高位、中位及低位。無論準備姿勢為何，沒有持棍的空手都應在身體前方做出防禦姿勢。

基本打擊 1：首先，擺出開放式準備姿勢，
右手自然握棍，棍尖舉到右肩上。

轉髖，正手從右上往左下斜向打擊。

基本打擊 2：接續前面的動作，將短棍揮至
左肩上，擺出封閉式高位準備姿勢。

反手從左上往右下斜向打擊。

基本打擊 3：持續揮棍回到與肩高的開放式中位準備姿勢。

接著，前腳拇趾球旋轉，同時橫向揮棍從右側揮擊到左側。

基本打擊 4：順勢讓棍子進入封閉式中位準備姿勢。

接著，再橫向揮棍從左側揮擊到右側。

基本打擊5：順勢讓持棍手進入開放式低位
準備姿勢。

從右下往左上斜向打擊。

基本打擊6：順勢讓持棍手進入封閉式低位
準備姿勢。

從左下往右上斜向打擊。

基本打擊 7：順勢將短棍帶到頭頂，進入高舉過頭的準備姿勢。

縱向通過身體中線垂直向下打擊。

基本打擊 8：掌面翻轉，使掌心朝前。

縱向通過中線垂直向上打擊。

基本打擊 9：順勢回到開放式中位準備姿勢，棍尖朝前對著對手。

棍尖朝向對手刺出。

這九個基本打擊動作分為三個平面：高位、中位、低位。高位打擊主要針對頭部和頸部，低位打擊則對準膝蓋和腿部。中位打擊的目標是心窩 (或橫隔膜，位於胸骨下端與上腹之間的腹腔，其深處是太陽神經叢)，這是自主神經系統的關鍵區域，影響呼吸、心跳和消化等功能。打擊此區域可造成對手暫時性的生理功能障礙，令其難以繼續行動或防禦。

斜向打擊應從對手的一側肩膀斜切至對側髖部；橫向打擊應保持水平；縱向打擊應儘可能直上直下。無論是斜向、橫向或縱向打擊，都應該穿過對手的身體中線，有效擊中心窩。這不僅發揮了中位打擊的作用，也擴大了打擊的覆蓋範圍，讓對手更難防守。正手打擊從開放式準備姿勢開始，反手打擊則從封閉式準備姿勢出發。

這套特定的打擊模式有其邏輯性，能從一個動作流暢地銜接到下一個，適合連續出招與組合使用。基本打擊 1 (從右上向左下斜切) 是多數人在使用棍棒戰鬥時習慣性的攻擊方式，因此你會經常使用這個技巧 (當然對手也同樣會頻繁使用)。橫向打擊是第二常見的技巧，其次是向上斜打和縱向打擊。將這九種基本打擊緊密且流暢地整合起來，整套打下來就如同在身前畫出類似星形的圖案。

　　熟練這一套打擊技巧之後，就可以開始按照不同的順序練習。例如，練習往返打擊(沿同一角度一去一回的打擊)：完成基本打擊1(從右上到左下)後，立刻使出反方向的基本打擊6(從左下到右上)，這就是一個很有效的打擊組合，可以快速連續攻擊對手身體兩側，使其難以格擋。

　　當已熟練右側打擊或練到稍有倦意時，可以考慮換用左手持棍，然後改以鏡像形式再練習一遍(比如說，右手持棍時從右到左的斜向打

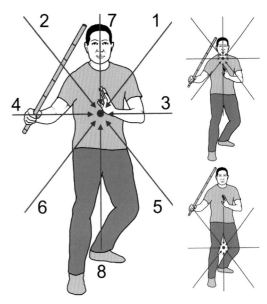

九種打擊對高位、中位與低位的目標位置。

擊，改用左手持棍時就變成從左到右的打擊)。雖然前面示範的中位打擊都是採用自然握法，但你也可以換用中間握法或反手握法進行中位打擊。握法的變化可以提高技巧的多樣性，和適應不同戰鬥情況的靈活性。

　　不同握法亦可針對不同平面高度訓練：高位打擊目標是頭部和頸部，中位打擊目標是軀幹，低位打擊則是腿部(打擊時彎曲膝蓋降低身體，而非彎腰)。一開始練習時，建議固定站立一處，直到你能夠準確執行每一種打擊。之後，再開始結合本章後續介紹的不同打擊類型和步法做練習。

準備姿勢

　　現在你已經熟練九種基本打擊動作，接下來的目標是提高連續發力打擊的速度。為此，瞭解如何在每次打擊之後，有效率地回到準備姿勢就非常的重要。每次打擊都應從蓄力的準備姿勢開始(見基本打擊的圖 1a、2a、⋯、9a)，讓身體姿勢與武器調整到最佳的方向與位置，才有利於以最有效的發力方式進行打擊。

為了瞭解準備姿勢的重要性，我們在此用手槍做比喻：單動式手槍每次射擊前需先拉動擊錘將子彈上鏜，再扣扳機擊發，每次擊發的連貫性不佳；而半自動手槍會在每次擊發後，帶動下一顆子彈上鏜，自動為下一次擊發完成準備，如此有利於快速連續擊發。

我們希望短棍打擊要像半自動手槍一樣，透過每次打擊後立即回到準備姿勢，為銜接下次打擊做好準備，如此才能加快連續打擊的速度。

打擊方式

短棍術有三種基本的打擊方式：快抽打擊（snap striles）、全力打擊（full strikes）與二次打擊（double strikes），各有其獨特的用途，所有九種基本打擊技巧都可以用上這三種打擊方式。

快抽打擊

快抽打擊的特點是速度快，但通常不如全力打擊來得有力。這種打擊打中目標就迅速回到準備姿勢，而不完成整個揮棍動作。結束姿勢不一定是起始的準備姿勢，但一般在發動快抽打擊的身體同側。其弱點在於每次打擊後停棍與重新啟動的過程，需要消耗額外的時間和能量，影響了動作的流暢性和效率。

全力打擊

全力打擊是將全身體重與動量都注入一擊之中，不但威力大，而且也是大部分人使用短兵器的本能攻擊方式。基本打擊技巧一般都是完全穿越對手的全力打擊，可造成對手很大的傷害。

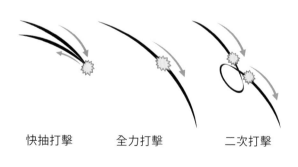

快抽打擊　　　全力打擊　　　二次打擊

二次打擊

　　二次打擊運用迴旋動作，在一次揮擊中以相同角度連續打兩次。這種打擊方式相當具有欺騙性，因為武器會在單一揮擊中兩次經過目標。這兩次都可以當作真正的攻擊，或者將第一次視為佯攻或誘餌使對手露出破綻，以便在第二次抓到真正的打擊機會。通常，第二次打擊的威力更大，因為會完全穿越對手，可以全力打出。

打擊距離與相對位置

　　打擊距離是指武器能觸及對手身體的距離。主要有三種打擊距離：近距離、中距離和遠距離。遠距離是指需要向前跳躍（或跨大步）並伸出棍子尖端才能觸及對手的距離；中距離是指伸出棍子就能觸及對手的距離；短距離則是即使沒有棍子也能用手觸及對手的距離。每種打擊距離都有各自的策略、戰術及有效技巧，本書會陸續介紹。

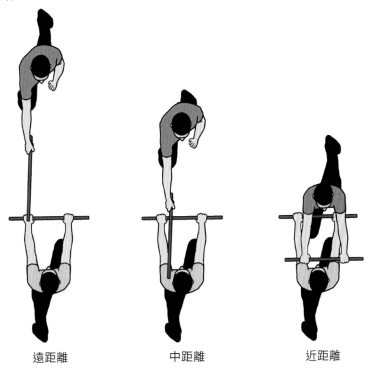

遠距離　　　　　　中距離　　　　　　近距離

相對位置是你與對手之間的空間。打擊距離和相對位置會影響你能運用的技巧。你必須培養對不同位置與距離的理解，包括如何、何時以及為何從一個位置移動到另一個位置，目的是在持棍時（或空手時）自動感知並調整與對手的相對位置，保持在對手的打擊範圍（含棍尖）之外。如此一來，除了降低被打擊的機會，也能趁機切入進攻。

必殺圈（circle of death）是身體周圍的假想圓圈，也就是短棍的有效範圍。在防守時，要保持在對手的必殺圈之外，直到你準備好攻進去。同樣地，對於站在自身必殺圈以外的對手應保持警戒，但要盡量降低自身的體力消耗。一旦對手進入你的必殺圈，就應立刻出手。要注意！所謂的「出手」也包括假動作和閃躲步法等非打擊技巧，以及直接的身體對抗。畢竟，鬥智勝於鬥力。

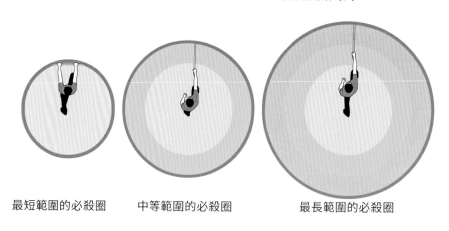

最短範圍的必殺圈　　　中等範圍的必殺圈　　　　　最長範圍的必殺圈

如果對手要攻入你的必殺圈，就一定會移動腳步，因此要隨時讀取對手的意圖，才來得及後撤避開對手的有效打擊，反之也可以選擇向前追擊或拉近距離。重點在於步法和位置控制是相互關聯的技能，你必須全面發展這些技能才能有效戰鬥。頂尖的短棍格鬥家透過控制相對位置來控制戰鬥，這就需要透過讀取對手的動作，並在適當的時機運用適當的步法來達成。進攻時，不需要靜待對手進入你的必殺圈才發動，也可以直直地朝對手移動，使他被動進入你的必殺圈。如果他想後撤，就再次拉近與他的距離。

瞭解打擊距離、相對位置和必殺圈，對制定有效戰鬥策略可起到重要的作用。

步法

　　步法在格鬥技中指的是移動腳步的特定技巧。精湛的步法與架式密不可分，它們決定了攻防的效果。良好的步法應該要反應敏捷，能夠根據對手的動作調整自己的位置。例如，當對手接近時，可以透過適當的後退保持安全的距離。進階的步法技巧不僅可以避開對手的攻擊，還能利用對手暴露的側面進行反擊。

　　在任何格鬥技中，都必須保持重心平衡和穩固且靈活的下盤。首先，必須保持脊柱挺直，將體重平均分配到雙腿上，如此可最小化能量消耗。這樣做不僅能方便左右轉換方向而無需重新找到平衡，還能在任何方向上快速移動。如果脊柱側彎，就難以保持平衡，若需要移動到脊柱彎曲的相反側會更為困難。

　　站立時以腳尖為支點，可以實現快速移動和有力的攻擊。這並不是說腳跟不接觸地面，而是將大部分重心放在蹠骨，也就是前腳掌上。為了達到平穩的步法，就需要利用輔助腳的前腳掌發力，並以步行腳的前腳掌著地。使用腳跟行走速度會較慢，因為腳跟缺乏足夠的支撐進行迅速打擊或移動。透過前腳掌直接接觸地面，可以節省在移動及原地轉身打擊時所需的時間。

　　在踏步時要注意準備動作不要太大，以免暴露意圖。你可能會本能地將一些重心轉移到輔助腳上，使得步行腳的重量輕一些，並讓體重的轉移方向與移動方向相反。這種做法實際上是反效果，因為你必須克服身體的慣性，停下來後才能將體重轉回步行方向，這不僅使動作變慢，也容易被對手預測。

　　站在鏡子前觀察自己的動作是自我修正的有效方法。仔細檢查在移動前可能無意間發出的預告訊號，並努力消除這些不利的習慣。注意你的腳、頭部、肩膀和手臂的動作，避免出現多餘的動作。這樣的練習不僅有助於大幅改善技巧，同時也培養出讀取對手動作的能力。

想要進一步理解短棍術中流暢而有力的步法，你可以參考西洋拳擊的技巧。YouTube 上有許多優秀的拳擊教學影片，都有專門針對格鬥中極為關鍵的步法做指導。學習拳擊選手如何有效移動和保持平衡，可以轉化為提升短棍術表現的技巧。

滑步

在使用短棍或其它武器進行格鬥時，通常習慣將武器握在前手，這樣可以提供最大的打擊範圍，同時也更易於將武器保持在自己與對手之間。由於將短棍握在前手最為有利，因此在不改變防守架式的情況下，可利用滑步有效地前進、後退或繞過對手。

滑步的動作方式與拳擊步法類似：前腳先向前方踏出一小步，後腳迅速跟進。動作開始時，由後腳的前腳掌推蹬，同時讓前腳向前踏步，著地亦以前腳掌為主，落地後立即收緊大腿內收肌，將後腳迅速拉回穩定的架式。

若需向後移動，則先由後腳向後踏出一小步，前腳隨後跟進。推蹬動作應由前腳的前腳掌完成，切勿使用腳跟。當後腳的前腳掌觸地時，立即強力收縮大腿內收肌，迅速將前腳拉回，恢復到穩固的架式。

若要向左移動則先踏左腳，向右移動則先踏右腳。

請記得！控制腳步必須用前腳掌發力與著地，而不是用腳跟。

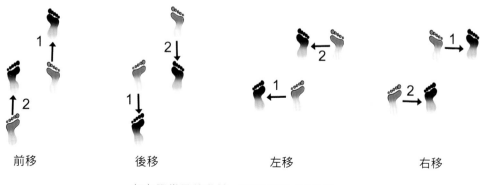

前移　　　　　後移　　　　　左移　　　　　右移

紅色腳掌是移動前，黑色腳掌是移動後。

繞入

　　繞入涵蓋了繞圈與尋找有利進攻角度兩個概念，有助於你在閃避對手攻擊的同時，仍能發動自己的攻擊。當對手在你面前保持一定距離時，可以將此情境想像為你站在一個圓圈的邊緣，而對手則位於圓心。接著，根據對手的位置和動作，向左前方或右前方斜線邁步。這種移動有助於在你和對手之間創造新的角度，將

準備繞入接近對手。

將右腳移向右前方。

前腳著地後，後腳馬上跟上移到身後，身體中線朝向對手。

此例中，我是用反手過頭打擊，但其實任何攻守動作皆可。

對手保持在你的中線上，同時避開他的中線，從而找到更有利的進攻或防守位置。這不僅提高了自身的攻擊效率，也增強了防守安全。

你的目標是將自己的身體快速移出對手的有效打擊範圍，也就是要脫離對手的中線，簡單來說就是繞到對手雙腿重疊 (無法看穿跨下) 的位置。假設對手是右手持棍且右腳在前 (請參考前頁的圖 1)，此種情況你就該快速向左前方繞入，移動到對手揮棍的啟動加速區 (從你的視角來看，對手的雙腿此時前後重疊，因為他還來不及轉身面向你)。另一個選擇是快速向右前方繞入，這個風險比較高，因為需要繞得更遠才能避開對手中線的有效打擊區，而進入他的揮棍減速區。

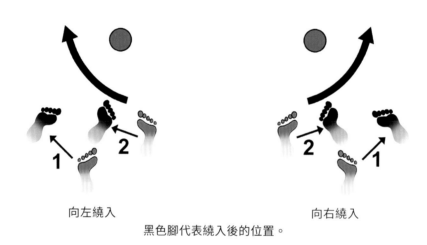

向左繞入　　　　　　　　　　向右繞入

黑色腳代表繞入後的位置。

繞出

當對手突然衝進來，試圖迅速從遠距離拉近到中距離甚至近距離時，你應避免直接向後退。身體向前移動通常比向後來得快，因為是用前腳掌發力，而向後移動時若用腳跟發力則會更慢。如果你直接後退，對手的接近速度很可能會超過你的後撤速度，這會讓對手佔據優勢。應對此情況的有效策略是繞出：不是直退，而是向側面移動，離開對手的直線攻擊路徑。

　　想像面對衝進來的對手時，你應該將身體轉為側面，並沿著垂直於對手前進方向的路徑撤退。這種移動的執行方式是：用後腳向左後方或右後方滑出，然後迅速調整身體角度，使對手保持在你的中線上，同時避開對手的中線。這樣不僅能有效避免對手的直接打擊，還能創造反擊的機會。這個動作有點像西班牙鬥牛士在面對公牛直衝而來時的流暢轉身。

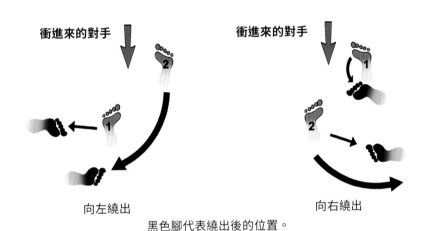

向左繞出　　　　　　　　　　　　向右繞出

黑色腳代表繞出後的位置。

對手衝進來時擺出防守姿勢。

向右後方踏步，讓出空間。

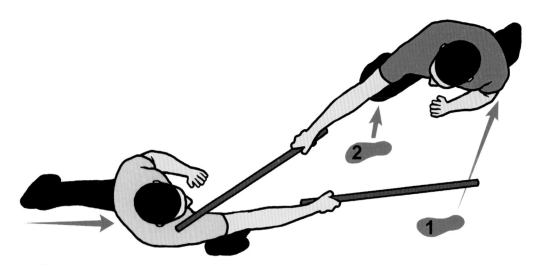

繞出後的俯視圖：紅衣向右後方繞出，避開對手中線，並抓住時機攻擊。

踏步

踏步是將一隻腳向前或向後大幅度移動，也是重要的移動技巧。這種步法不僅比滑步的範圍更廣，還可以轉換成不同的架式。在宮本武藏的著名著作《五輪書》中，他提到這種步法在破壞性打擊方面的效果。此外，重量級拳王如 Jack Dempsey 和 Mike Tyson 也在擂台上多次驗證這種步法的有效性，他們藉由大範圍的踏步移動，在比賽中創造出致命的攻擊機會。

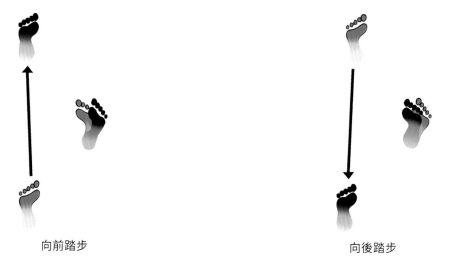

向前踏步　　　　　　　　　　　　　　　　向後踏步

黑色腳代表踏步後的位置。

　　無論是手持長劍、短棍，甚至是徒手，踏步的概念都是相同的，因為這種動作能將更多的體重和動量融入打擊中。有些步法在左右踏步時會使雙腳交叉，但我不推薦這樣做，因為交叉雙腳會導致重心不穩，哪怕只是一瞬間也足以處於危險之中。

　　如果格鬥一開始是用一般的滑步，你可以觀察時機，巧妙地利用踏步快速逼近對手，使其來不及反應。踏步不僅是快速接近對手的一種步法，也是特定戰術中的重要元素，例如在進行後手防禦時就可以利用踏步來加強防守效果。這種步法在戰術上的應用，是每位格鬥者必須精通的技巧。

步法的提醒

　　好的步法有多重要？讓我來分享一個真實的故事。那是 2014 年的夏天，我代表美國隊參加全接觸雙棍比賽。我的對手是澳洲冠軍 Neil McLeish。在比賽開始之前，Neil 的團隊就已經仔細分析了我的動作，並發現到一個弱點：我的服裝在大腿處有開口。第一回合比賽開始，對手便持續對我的左大腿發起重擊。在回合間休息時，我的助手 Chris Snarr 建議向左繞入以阻擋對手的攻擊。幸運的是此策略奏效，他很難再次擊中我的腿而不得不改變策略。三回合結束後雙方平手，因此進行第四回合，但最後我因為一位裁判的判定而輸掉比賽。

　　這個故事帶給我兩點重要的啟示。第一點，良好的步法在比賽中可能起到決定性的作用。如果我在第一回合就想到向左繞入，這可能就改變了第一回合的分數，也許我就能贏得那場比賽，因此

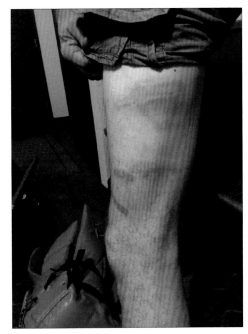

Neil McLeish 在我腿上留下的瘀傷。

研究與練習步法非常重要。我之前討論的步法在特定情況下非常有效，然而戰鬥的局勢總是不斷變化，所以在戰鬥中必須學會讀懂形勢，運用適合的步法來達成短期任務。

　　第二點雖然與步法無關但同樣重要，因此也想在這裡說說。儘管棍棒的打擊力道極大，足以造成骨折，但想要擊倒一位意志堅決的對手，絕不能只靠任何一次重擊或一連串組合打擊就以為能達成。在另一場比賽中，一位超重量級冠軍曾用無軟墊的藤棍連續擊打我的腿達一分鐘之久，雖然痛楚難忍，但我不僅沒有倒下，甚至沒有明顯減慢步伐。永遠記住！那些你認為在理論上能結束戰鬥的重擊，往往只會造成疼痛和嚴重的瘀傷。當一個滿懷決心的戰士在腎上腺素的驅動下行動時，只有出其不意且精確無誤的重擊才可能真正將其擊倒。在訓練時，這一點必須牢記在心。

訓練器材：地板圖案

　　有句經典的格言：「步法決定勝負」，因此為了訓練有效的步法，人們開發了許多方法。地板圖案是這些方法中最簡單卻也是最有效的其中一種。地板圖案為練習者提供了一個練習步法的框架，有助於提升移動的速度和準確性。透過理解各種不同圖案的線條和角度，能訓練對對手的動作做出快速且適當的反應。

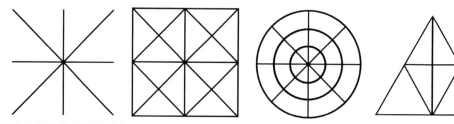

訓練步法的幾種常見地板圖案。

　　最基本的地板圖案是星型。在這個圖案上，需沿著各個箭頭的方向朝前、朝後以及向左右移動。掌握星型圖案的步法之後，就能解鎖其它複雜圖案中的動作組合。

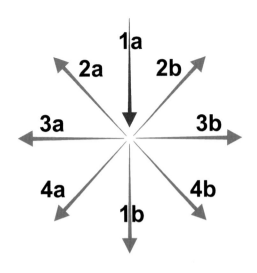

星型：請想像一個場景：對手正向你揮棍或進行刺擊(1a)。你當然可以選擇垂直後退(1b)，但這並不是最佳選擇，因為後退時仍然處於對手的攻擊路線上，而且對手的攻擊速度通常比你後退的速度要快，更何況對手在先發制人和動量上占有優勢。因此，你可以選擇繞入對手的左側或右側(2a 與 2b)，或者沿著水平線向左右移動(3a 與 3b)，甚至向左右側繞出(4a 與 4b)。這些都是針對對手攻擊的基本反應策略。

　　練習地板圖案的步法猶如用身體下棋，每一步都根據對手的動作做出反應。當你理解了繞入和繞出對手打擊範圍的技巧後，會發現步法中還蘊含著前手(手掌向上)和後手(手掌向下)的概念。向左前方移動適合使用前手打擊，而向右前方移動則更適合後手打擊。

　　在比賽中，即使場地的地面沒有明顯的標記(如：貼膠帶)，也不要忘記衝向對手的中線發起攻擊，利用強大的身體動量進行猛烈的中線打擊，可以突破對手的防禦，為你接下來掌握比賽節奏創造更多機會。這種策略不僅能有效瓦解對手的防禦，還能幫助你在戰鬥中取得主動。

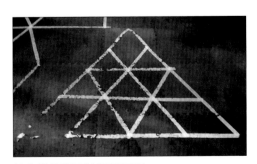

地上膠帶留下的斑駁圖案。

迴旋：繞 8 字

　　迴旋是根據不同的自然圓形軌跡，進行連續且不間斷的組合打擊。但關鍵在於，迴旋的過程中也同時進行打擊。每次打擊都應從準備架式發出，並且需要想像一個固定的打擊點，如此揮棍才能專注並發揮出力量。

基本繞 8 字

　　迴旋的功能是實現快速的連續打擊。在一連串動作中突然發動攻擊，相比於從靜止狀態開始攻擊更難被對手察覺，因此在進攻時，迴旋可以用來掩蓋攻擊意圖。在防守時，迴旋的連續打擊能夠形成一道屏障，阻止對手直接進入。

繞 8 字是基本的迴旋打擊技巧，包括兩個斜向的打擊動作，一個是從右上到左下（圖 1、2），另一個則是從左上到右下（圖 3、4），在面前交叉形成「X」形。橫著看就呈現出 8 字形，類似於數學的無限符號：∞。這種打擊方式不僅流暢而且範圍廣，是學習迴旋打擊的基礎。

進階繞 8 字

　　在熟練掌握基本繞 8 字技巧後，可以嘗試改變迴旋的方向，將打擊方向從斜下改為斜上，這種改變讓迴旋變成**向上繞 8 字**。基本繞八字和向上繞 8 字都屬於水平迴旋。進一步，可將向上和向下的打擊動作結合起來，形成**垂直繞 8 字**，這種方式的銜接點從原本的左右變成上下。最後，結合垂直和水平的打擊方式，形成**斜向繞 8 字**，這是一種更高級的迴旋技巧。

繞 8 字能覆蓋身前的廣大區域，不僅可用來隱藏自己的攻擊動作，也能形成一個有效的屏障，阻擋對手的進攻。這種動作提供了防守與進攻的雙重優勢，使對手難以判斷你的下一步行動。

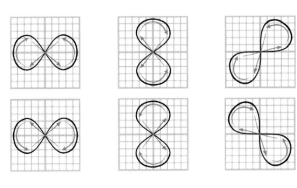

繞 8 字有多種繞法。

一般來說，繞 8 字的打擊動作是穿過目標的全力打擊，但你也可以嘗試結合快抽打擊和二次打擊來練習繞 8 字。接下來要試著改變打擊的平面，針對高位、中位、低位三個不同平面進行打擊。最後，將不同的步法融入繞 8 字中。目標是將這些分解動作整合成一個單一、流暢的連續動作。當然，也不要忘記練習左右手切換！

每次練習都應著重於增進動作多樣性和揮棍技巧，同時培養在迅速切換動作時仍維持流暢的能力。這樣訓練能將各種打擊技巧無縫融合，使對手難以捉摸你的下一步。掌握這些技能將使你成為一名卓越的短棍格鬥家。

戰鬥的力量

在練習短棍術時，發揮力量至關重要，學習如何用棍棒重擊有幾個原因。第一個，從實際角度來看，只要掌握了幾個有力的招式，就能顯著提升自己的戰鬥能力。別忘了，短棍術本質上是一種衝擊性運動，其目的在於迅速制服對手。戰鬥時間越短，受傷的風險越低，且強大的打擊可能一擊定江山。由於短棍是屬於鈍器，與需要較少力量的刀劍等銳器相比，就必須靠更大的力量才能造成對手創傷。

第二個原因與人體運動機制有關。要讓打擊力量集中，就需要全身協同動作。發出有力的一擊需要肌肉、骨骼和呼吸的完美協調。重量訓練能夠幫助你克服動力鏈中的弱點。在初學階段，你可能會用大動作來產生力量，但實際上，重擊並不需要過大的動作。過大的揮動反而會限制快速組合技的施展，並容易被對手格擋或閃避，這往往是新手的常見錯誤。因此，應學習使用更小、更精準的動作來擊中目標。

第三個是用短棍重擊能帶來快樂，是一種很好的壓力釋放方式，測試自己的打擊力量也非常有趣。這些訓練不僅能提升整體技能水準，還能增進對短棍術的專業理解，進而提高個人技能的實用性和效果。

打擊的科學

計算打擊的力量並不簡單，即便對那些具有科學思維的人來說也是如此。計算力量要考慮許多變數，包括武器類型、尺寸和重量，也包括操作者的體型、肌力和速度。

三個旋轉軸同時運作

　　由於短棍是一種鈍器，其揮動通常呈圓弧形。更精確地說，短棍的揮動由肩膀、手肘和手腕這幾個不同的旋轉軸組成的圓形動作構成。生物力學專家已經證明，當這三個旋轉軸同時運作時，它們就像是繞著前臂中央這個大圓的圓心旋轉。因此，揮棍的動作可以想像為以前臂中間為中心的圓周運動。

　　想像一下黑膠唱片在唱機上旋轉的場景。在旋轉過程中，唱片邊緣的一點在一圈內移動的距離等於唱片的周長，而位於中間圓標處的點在相同時間內劃過的圓和移動距離都要小得多。由於這兩個點每分鐘旋轉的圈數相同，邊緣上的

肩膀、手肘與手腕的不同旋轉軸合起來是一個大圓，圓心大約位於前臂中間。

點的速度必須更快，以便在相同的時間內經過更長的距離。儘管這兩點的切線速度不同（ 編註: 離圓心越遠的點，其切線速度越大），它們的角速度（即每分鐘的轉速）則是相同的。這個比喻有助於理解揮動短棍時，力量如何傳遞。

揮棍的速度與打擊力

　　揮棍的原理基於物理學，棍尖的運動速度比棍中間的速度更快。因為力量是質量乘以速度平方，速度成為決定打擊力量的關鍵因素。因此，打擊速度越快所產生的動量也就越大。那麼，人在揮棍時的速度可以達到多快呢？

　　一篇 1998 年發表於《基督教科學箴言報》的文章《重擊的科學》指出，職業棒球選手的揮棒速度可達時速 80 英里 (約 129 公里)，職業網球選手的球拍揮動

最高時速大約 80 英里，而職業高爾夫球手則由於球桿的重量和長度更長，能夠使桿頭達到時速 90 英里 (約 145 公里)。職業棒球投手的快速球甚至可以達到時速 100 英里 (約 160 公里)，但這種全力投球的方式會對肌肉與韌帶造成重大負擔，運動防護專家認為這是人體上半身能達到的加速極限。

當然，並非每個人都能以時速 80 英里的速度揮棍，即使有人能做到，也難以每次都達到這樣的速度。事實上，大多數的打擊速度只達到此速度的一半。儘管重量訓練等體育活動可以幫助提高揮棍速度，但每個人的極限打擊速度 (大約時速 50-60 英里) 是由個人的體質和肌肉系統所決定，這些極限並不容易突破。最好的做法是透過正確的身體力學訓練，發揮出自然的最大潛力。

短棍的長度和重量各有不同，假設你是用自然握法持棍，手部上方露出的短棍長度為 25 英寸 (約 64 公分)，而且能以 90 英里時速揮棍，並產生 100 磅 (約 39 公斤) 的打擊力 (專業計算應使用國際單位制中的力量單位牛頓，希望科學愛好者們能夠諒解)。

為了方便計算，假設你的短棍打擊對目標進行非彈性碰撞，所有打擊的能量都集中在棍尖一平方英寸 (約 6.45 平方公分) 範圍內。將打擊力除以接觸的表面積 (100 磅 / 1 平方英寸)，得到的結果就是每平方英寸磅數 (PSI)，此例即表示產生了 100 PSI 的打擊力。

與先前對黑膠唱片的類比可以看出，短棍尖端和中心的速度存在顯著差異。打擊點從棍尖朝中心每移動 2 英寸，就大約下降約 5 英里時速，相應的打擊力道也會減弱。更重要的是，如果使用棍身進行打擊，會使打擊力量分散到更大的表面積上，導致力量分散，從而降低了每平方英寸的壓力 (PSI)。

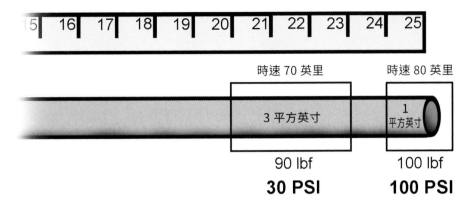

短棍因打擊位置不同而產生的影響之物理原理。
PSI = 每平方英寸磅數；lbf = 磅力。

　　如果打擊點正好在棍尖下方 (比如說在棍子上方的 20 到 23 英寸處)，則打擊速度約為每小時 70 英里，打擊力約為 90 磅。此外，力量將分散在棍子側面約 3 平方英寸的範圍內，每平方英寸的壓力僅為 30 PSI，遠低於使用棍尖打擊時的 100 PSI。這可以藉由打擊一個大紙箱來驗證，使用棍尖打擊紙箱通常可以打出一個洞，而平打則可能只會留下凹痕而無法打破。

　　國家地理頻道的「科學看武術」(Fight Science) 是將實驗室技術應用於武術研究的電視節目，其中一集呈現出短棍的打擊力可以超過 1000 磅 (遠超過我們前面舉例的 100 磅)，這種力道當然可以輕鬆擊裂骨頭或頭顱。

　　其實是否擊裂是根據骨頭的特性、骨頭在身體的位置，以及攻擊的角度。人的年齡、飲食與生活習慣也會對骨頭造成影響。如果在弱點上加壓，小骨頭就很容易斷裂，比如說指骨只要受到 25 磅的壓力就有可能斷裂。長骨 (如：股骨) 則強壯很多，可以承受接近 900 磅的力量而不斷。所以如果短棍夠重、打擊位置正確，確實可以擊裂骨頭。

打擊的甜蜜點

　　如果你打過棒球或網球，對**甜蜜點**(sweet spot)的概念應該不陌生。甜蜜點更正確來說就是打擊中心，又稱 CoP。無論是球棒、網球拍或短棍，打擊中心是傳遞最多衝擊力到目標的位置。任何撞擊都會引起線性反彈(動量守恆)，從而造成物體繞著其質心旋轉(角動量守恆)。如果你有打過棒球，應該體驗過揮棒重擊而產生的強烈震動，從球棒傳到手使手發麻(下圖 1)。然而，如果打擊點正好在 CoP 上，兩個動作會互相抵消，手握住的部分不會感覺到反作用力(圖 2)。

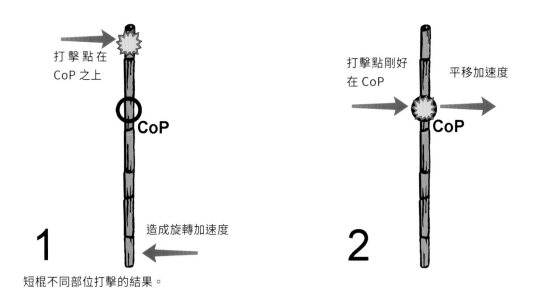

短棍不同部位打擊的結果。

　　CoP 不是固定在短棍的某一點上，而是隨著各種因素變化，這些因素包括握棍的位置、揮棍的軌跡和握棍的力度等。你可以採用自然握法，手自然垂放讓棍尖指向地面，這樣就可以確定 CoP 的位置。握棍時不要太緊，讓短棍在手中自由擺動，同時快速左右移動手臂前後幾寸的距離。盡量限制手是左右移動，避免上下移動。在移動過程中，向下觀察棍尖附近，你會發現有一段幾乎不動，而其它部分則圍繞著此段旋轉，這就是 CoP，也是發揮最大打擊力量的甜蜜點。

　　所以究竟是使用棍尖或是棍中心進行打擊呢？除非能將所有力量集中在一點上，否則最佳的打擊效果需要將力量和速度相結合；然而，速度的潛力往往比力量更為重要。打擊點越靠近短棍中心，力量越大、速度越慢；越靠近棍尖，速度越快、力量越小。在這兩個極端之間，速度和力量可以達到最佳結合。雖然腎上腺素的影響和實戰中的快速變化，可能大幅影響準確度，但是在訓練中追求精準，可以讓身體更自然地執行準確動作。

提升打擊力與效率的關鍵技巧

　　只有掌握正確的打擊技術，才能打出強而有力的一擊。除了出力的肌群之外，其它部位與心理上應該保持放鬆，若是肌肉過度緊張，會讓拮抗肌群緊繃，不但無法增加打擊的速度與力量，還會阻礙動作而變慢。這種緊張還可能在試圖增加打擊力量時，讓重心更多轉移到持棍的那一側，反而容易失去平衡而影響打擊效果。保持身心放鬆有助於提高動作的流暢性和效率，從而使打擊更加精準有力。

　　要讓打擊力量最大化，請保持脊柱挺直，如此可徵召核心肌群串連上下半身的動力鏈，讓四肢成為核心發力的延伸。從核心發力並不僅僅是圍繞一個固定點移動，而應將身體做為一個協調一致的整體移動。保持身體放鬆，並利用脊柱做為旋轉軸心，就能在每次打擊中完全發揮動量。

　　觀察棒球打擊手揮棒的過程：他會先向前踏步，然後從髖部轉動帶動軀幹旋轉，將力量傳遞到手臂而順勢將球棒揮出。重量級拳擊手出拳也是向前踏步，然後轉動髖部帶動上半身，再加上胸大肌、三角肌以及肱三頭肌的力量將拳打出去。這些過程顯示出他們累積能量的方式都是一樣的：始於腿部，透過核心軀幹傳遞，最終由手臂完成動作。

　　雖然整個動力鏈的加速都很重要，但實現重擊的關鍵仍在於髖部的運用。如果髖部距離身體中心 3 英寸 (約 7.6 公分)、棍尖距離身體中心 48 英寸 (約 122 公分)，只要轉髖加速，傳到棍尖的速度就會放大 16 倍 (48/3)。因此，增加轉髖的速度是增強打擊力度最有效的方法。

轉髖：以下圖片是強調轉髖對於打擊力量的重要性。一開始先擺出開放式準備姿勢，短棍於右肩上方蓄力。

前腳拇趾球發力，髖部迅速從右向左轉動，帶動手臂與短棍由右上往左下揮擊。

完成打擊過程，手腕轉向身體。

順勢將棍子收到身後，為下一個打擊做準備。

接著，從高位封閉式準備姿勢開始，短棍於左肩上方蓄力。

後腳拇趾球轉動，髖部跟隨迅速從左向右轉動，帶動手臂與短棍由左上揮擊。

軀幹跟隨髖部轉動，短棍揮到右下，手腕自然翻轉。

順勢將棍子收到身後，為下一個打擊做準備。

而要最大化轉髖速度的關鍵在於一個微妙但極其重要的髖部滯後動作。為了最大化速度，就要以髖部引領打擊，然後緊接著打擊動作。這種連續的動作會帶來更大的加速，並使打擊產生顯著的鞭打效果，這可以從短棍劃破空氣的「咻」聲聽出。此外，如果在擊中的前一刻扣住手腕，還能產生更大速度。

要記得！轉動身體是把雙面刃。優點是能將自身的體重與動量融入打擊，產生巨大的力量。但若過度旋轉則會減慢進行第二次打擊的速度，還可能暴露側面被對手攻擊。為了避免這種情況，應該保持前腳始終指向對手。注意看圖 1c，我的打擊力量瞬間使前腳偏離了原來的位置。到了圖 1d，就趕快將前腳的位置往回調整。

請注意！猛力打擊就像職棒投手火力全開投球一樣，會對你的身體造成壓力，尤其是手臂和肩膀的肌肉、肌腱和韌帶。雖然在訓練時進行大量全力打擊的重複動作通常對進步很有幫助，但也應謹慎進行，以避免對身體造成不必要的磨損和傷害。

訓練器材：輪胎假人

要發展打擊力量，就要真的打到物體，且最好是夠硬的物體。擊打一個有阻力的目標時，能夠以更接近實戰的方式演練各種動作組合。換句話說，這種練習方法比單純對空氣揮打更有效，因為它能模擬實際打擊時遇到的阻力，幫助你調整力量和技巧，使動作更加精確和實用。對棍術格鬥者而言，打擊假人的好處類似於拳擊手使用沙袋，可提供一個直立的目標，有助於培養集中力、準確性、力量和控制距離的能力。

木人樁是個類似人形的訓練器材，不過反覆打擊容易造成短棍耗損，也容易對身體造成負擔。最好為木人樁綁上軟墊，一來可延長短棍壽命、減少關節所受的衝擊，也不會發出響亮的「喀！喀！喀！」噪音。健身沙袋雖然也可以做為假人用，但持續用短棍擊打恐怕會裂開。

我建議用輪胎製作假人，既耐用又有彈性，是很好的材料。

製作輪胎假人

訓練器材不需要精緻或複雜，最簡單的方法就是將輪胎綁上麻繩或鏈條，掛在像是車庫橫樑等合適的地方 (圖 1)。如果想做出上下半身，可在第一個輪胎下方再綁一個輪胎，用於練習低位攻擊 (圖 2)。這種懸掛式輪胎假人完全不需要裁切、鑽孔或使用特殊工具，可以省下許多製作時間，吊起輪胎就可以開始練了。

製作傳統的輪胎吊袋需要將多個輪胎疊在一起，在每個輪胎的側面鑽幾個約一寸的洞，並用堅固的繩索穿過固定。在上方將繩索綁在一起，並將吊袋懸掛於穩定的支撐點上 (圖 3)。

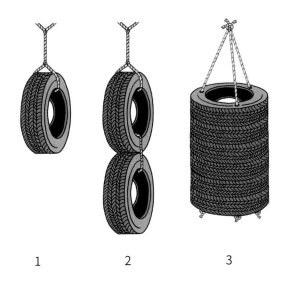

1   2   3

也可以用 8 呎 (約 244 公分) 長的圓木或木樁製作固定式輪胎假人。木樁的長寬至少要有 4 寸 × 4 寸 (或用兩塊 2×4 的固定在一起) 才夠穩定。在地上挖 2 呎深的洞並在底部撒一些碎石以利排水。將木樁插入洞中豎起，並用快乾混凝土固定。輪胎上鑽幾個小洞，用堅固的重型螺栓穿過輪胎並深深釘入木樁固定。

　　若想做成可搬動的輪胎假人，可以用填充混凝土的輪胎做為底座，成本很低 (圖 4)。填滿底座前，先在底層內部貼上塑膠袋，避免混凝土在填入後流出。填充時，將木樁置於混凝土中，暫時固定使其不會倒下。等約 15 分鐘快乾混凝土凝固後，木樁就不會倒了，一小時之後就能移動，接著就可以用螺栓將輪胎固定上去。如果想要底座更好看，可以使用木箱製作，但置於室外不易保存 (圖 5)。

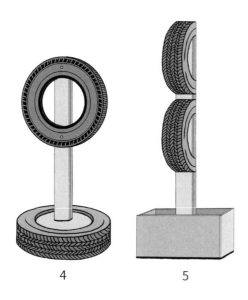

4　　　　　　　　　5

　　另外，也可以為輪胎假人製作輪子更方便移動。將輪胎假人置於有輪子的底座上。用厚度四分之三寸的膠合板切出 2×2 呎的底座，並在四個角落拴上旋轉板腳輪。從底座下方用螺栓固定木樁，再從底座上方用較短的螺栓加強固定，最後將輪胎釘上就完成了。

　　我甚至還看過裝著彈簧手臂、手持短棍的輪胎假人。這種改裝雖非必要，但確實可以幫助打擊時確認對手武器的位置。當然，我建議先從基本開始一步一步來。雖然製作器材很有趣，但時間應該花在訓練上。

　　輪胎假人的草圖以及更詳細的製作說明，請見本書結尾的附錄。

用輪胎假人訓練

一般人一看到輪胎假人就想馬上測試自己的打擊力量和速度，但請記得！訓練的目的是讓肌肉自然掌握每個打擊技巧。請用心評估自己的姿勢是否正確、動作是否連貫。一開始先用慢速打擊假人，直到確認動作正確無誤。一旦覺得動作不協調或不準確，就要慢下來，直到解決問題為止。

雖然最後仍然需要專注於提升力量，但在初期避免用力過猛，這樣就可以更專注於提高準確性、掌握發力機制和步法。這樣的訓練方法可讓進步更快，並深刻瞭解技巧背後的結構與原理。

在訓練力量時，一定要讓短棍加速穿過假人，而不只是打在表面而已。應使用棍尖精確打擊，將力道聚於最小的範圍，以發揮最大威力。此外，也需思考打擊在假人身上的角度，為了將最大的力量傳遞到目標，就需確保以直角擊中，任何其它角度的打擊，都會導致力量分散。

1 以直角擊中目標，才能傳遞最大力量。
2 否則打擊都會從目標擦過。

攻擊要有變化，應訓練各種角度與不同高度的技巧。努力達到在不顯露出攻擊意圖的情況下，巧妙地進行打擊。

打擊懸掛式的輪胎比打擊直立的輪胎假人更接近實戰，因為它會隨著打擊晃動並做出反應，是沒有訓練夥伴時的最佳訓練方法。要讓輪胎有更大的晃動幅度，可考慮加長懸掛的繩子或鏈條。

即使輪胎假人不會動，你依然可以利用角度的變換、進入或遠離打擊距離、朝各種空檔不斷揮棍與刺擊(高、低、左、右)，以提升步法與動作。實際上，要在輪胎上盡可能練習所學的每一個動作。刺擊與假動作混和的打擊也要練習準確度。除此之外，還要練習組合技，無論是直接打擊或是一連串的技巧組合都要練習。花時間好好訓練每個組合技，在反覆練習下獲得肌肉記憶，進而成為反射動作。

要規律性的使用輪胎假人，才能有效提升體能與短棍的技術。訓練時請穿好格鬥所需的全部裝備，如果格鬥時需要穿戴頭盔與手套，那麼打輪胎假人時也要一樣穿戴。

你也可以將短棍或長棍等武器綁在輪胎假人上，或者使用電鑽在輪胎上鑽洞，再將短棍或長棍插入這些洞中(為了確保牢固，鑽孔的直徑應比棍子的直徑小四分之一寸)。配備武器的輪胎假人，能幫助練習格擋和控制武器的技巧。持續更新訓練內容和器材，可避免訓練變得單調乏味或進展停滯。

階段一　訓練課表

目的：這份 60-90 分鐘的訓練課表是為了提升有效揮棍所需的肌力、正確發力方法、精準打擊、距離保持、步法與力量。

1.　**暖身**：15-20 分鐘。首先從低強度伸展開始。伸展的例子在本書前面講過。完成伸展後，進行 5-10 分鐘跳繩。跳完後不要停下來，再做一會兒低強度伸展，讓心跳回復正常。接著手持短棍進行基本步法練習(前進、後退、左右移動、繞入繞出)。練習繞 8 字(水平、垂直、斜向)時搭配地面步法的圖案，一開始速度慢，再逐漸加快。在迴旋動作中加入打擊：旋、旋、打！旋、旋、打！

2.　**瞄準、抓距離與控制**：15-20 分鐘。在目標物上練習九個基本打擊，可以使用沙袋或輪胎假人。打擊要用力且快速，但還不要真的打在目標物上。短棍盡量在距離目標物 3-8 公分的位置停下，避免接觸。首先單獨練習每一種打擊技巧，然後將兩種技巧組合在一起進行練習，逐漸增加至三到五種技巧的組合，並變換打擊的高度與位置。一旦能很好地掌控短棍後，就可與夥伴練習，注意要在短棍接觸前停下，不要真的打下去。瞄準對方的前手、前腳腳踝、頸部(肩膀到耳尖的區域)、手肘以及膝蓋進行打擊。刺擊的目標則包括臉部、咽喉、心窩、鼠蹊、大腿與腳。

3.　**爆發力訓練**：10-20 分鐘。在沙袋或輪胎假人上練習九個基本打擊技巧。使用短棍並注意不要用力過猛而折斷。首先單獨執行打擊，然後組合兩種技巧，逐步建立三到五種技巧的組合。結合步法練習，從遠處開始，逐步縮小與目標的距離，進行佯攻和技巧組合，最後從新的角度退出。

4. 變化：15-20 分鐘。有了不同搭配，訓練就不會無聊。九個基本打擊技巧可以組成許多組合技，每個打擊有三種方法(快抽打擊、全力打擊、二次打擊)，如此一來就有 27 種不同變化。每種打擊還可瞄準低位、中間、高位等三個不同平面，打擊的變化就增加為 81 種。再組合 11 種不同步法，打擊的變化就增加為 891 種。當然還可以區分左右手，如果左右手各練習每種打擊的話，就可以打出 1782 種不同變化。聽起來好多是吧，那你就得多加練習！

9 種基本打擊 X **3 種揮棍方法** X **3 種打擊平面** X **11 種步法** X **2 隻手** = 1,782

9 種基本打擊	3 種揮棍方法	3 種打擊平面	11 種步法	2 隻手
1) 右上到左下	1) 快抽打擊	1) 低位	1) 停在原地	1) 右手
2) 左上到右下	2) 全力打擊	2) 中位	2) 向前滑步	2) 左手
3) 水平右到左	3) 二次打擊	3) 高位	3) 向後滑步	
4) 水平左到右			4) 向左滑步	
5) 右下到左上			5) 向右滑步	
6) 左下到右上			6) 向左繞入	
7) 垂直由上而下			7) 向右繞入	
8) 垂直由下而上			8) 向左繞出	
9) 朝中間刺擊			9) 向右繞出	
			10) 向前踏步	
			11) 向後踏步	

種不同打擊變化

要有創意：固定的訓練固然重要，但也必須挑戰自我。熟練基本打擊技巧之後，可開始在不同情況下訓練：近身訓練、在雨中訓練、不平整表面(例如階梯、斜坡)訓練、坐著訓練，甚至躺在地上訓練。短棍可以換成任何當下可取得的武器，比如說雨傘、網球拍等。

5. 緩和：5-10 分鐘。花幾分鐘讓身體從戰鬥狀態回復放鬆休息狀態。此時適合進行靜態伸展，提高身體的柔軟度並代謝肌肉中堆積的乳酸。

追蹤記錄：訓練結束後，要在訓練日誌上記錄訓練內容，包括訓練時長以及訓練使用的器材等。為自己設定一個目標，比如說將當前的訓練完成十次之後再進入階段二。激勵自己，保持自律，永不懈怠，並認真訓練。只要持之以恆，你的技術就會進步，對短棍術的理解也會逐步加深。

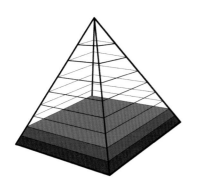

階段二
遠距離攻防

外圍戰術

　　基本的外圍戰術(亦即遠距離攻防)是維持在對手有效攻擊範圍之外,同時針對對方身體的最外側(通常是手腳)進行攻擊,最根本的策略便是在對手攻擊前先發制人。然而,若你與對手體型相似且使用類似的武器,兩人的攻擊範圍便相差無幾,這表示你能打到對手時,對手也同樣能夠打到你。若雙方的技術水準相當,贏的機率大致為五成,無論是在擂台上的對決還是街頭的自衛,這都不是一個理想的勝率。

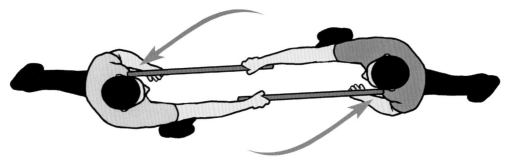

如果兩人同時瞄準頭部攻擊,誰也不佔優勢。

　　為了提高打中對手的機會同時避免自己被打中,就需要做些調整。假設對手的目標是你的頭部和身體,你可以透過攻擊他身體最外側來擴大有效打擊範圍。最接近的目標一般是對手的前手,其次是前腿的膝蓋。先攻擊這幾處主要目標,對手就會被迫改變姿勢,進而可能暴露手肘、軀幹與頭部等次要目標。

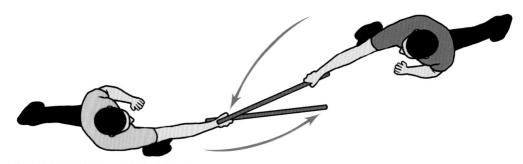

當對手攻擊你的頭，你就打他的手。

　　因此，外圍戰術有兩種策略：在防禦方面，你可以被動等對手發起攻擊，接著稍微移出其攻擊路線並發起反擊，目標是對手持武器的手；在進攻方面，你可以透過先發制人來控制戰局。若這兩種策略運用得當，就能在遠距離攻防中控制大多數的局面。

　　在棋局中，高明的棋手會預先想好後面幾手，設局引對手入甕，這在短棍格鬥中也同樣可行。那要如何做到提前思考三四步呢？首先必須透過控制距離來控制戰局，其次要運用一連串合乎邏輯且有效的打擊組合，如此不僅能預測對手可能的反應，還能有效應對。

　　事先規劃有效的策略和戰術，可使你在實戰中從容面對對手，不再是隨意或胡亂的攻擊，而是精準的技術運用。採取有邏輯、系統性的戰鬥計劃，才能牢牢掌控戰局並壓倒對手。

控制距離

　　維持安全距離最直接的方法是透過前進和後退來調整位置。當對手前進時，你則後退；當對手後退時，則是你前進的時機。然而需要注意的是，儘管直線後退在某些情況下效果顯著，但也帶來風險，因為對手的衝刺速度往往超過你的後退速度。相比之下，向左或向右側移動不僅可避免直線移動的缺點，還能提供策略上的優勢。這種移動方式能夠更有效地控制與對手的距離，以及與對手之間的攻擊線。

攻擊線是一條假想的連線，從你的中心延伸至對手的中心。當你的身體與這條攻擊線對齊時，攻擊可達到最大力量，特別是當對手正對著你而不是偏於一側時。只有在這種情況下，你才能充分利用身體機制來發揮最大力量，因此應始終保持武器指向對手的中心位置。

最理想的情況是讓對手處於你的正前方，同時避開對手的攻擊線，但對手很可能也在尋求同樣的戰術優勢。因此，為了減少對手有效攻擊的機會，就應該隨時注意移出對手的攻擊線，同時讓對手始終保持在你的攻擊線上。這可以透過繞行對手的方式(繞敵)來實現，有效地控制格局並保持攻擊力。

繞敵是一種策略性移動，讓你可以從對手的直接攻擊線上移開，從而降低被打中的風險。這個移動不僅可以避開對手的打擊範圍，還可以選擇進入對手揮擊的加速區或減速區。

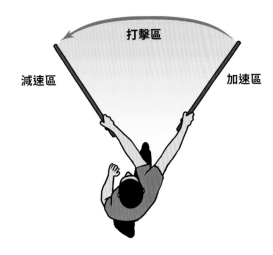

- 加速區：這是攻擊動作剛啟動加速的階段，此時對手的攻擊尚未達到最大力量，移動到對手的加速區有利於抓住時機，在對手力量尚未蓄力完成前，發動攻擊或進行防守。

- 減速區：當攻擊超過其預定打擊點後，進入減速區意味著對手的攻擊已經開始失去速度和力量。這是武器揮動過程中速度下降、力量減弱的階段。

透過繞敵移動可以選擇進入對手的加速區或減速區，從而更好地控制戰局。在此過程中，需要轉動身體來調整方向，確保對手始終位於你的正前方，才能有效運用你的攻擊技巧。

訓練器材：反應棒

　　反應棒是非常重要的訓練器材，有助於在高速動作下安全地訓練閃避技巧。製作的方法很簡單，只要在舊短棍套上游泳泡棉棒，用膠帶或膠水固定即可。要注意的是，短棍握把露出來的部分不要太長，以免不小心被裸棍打到。加上泡棉是讓反應棒不要太硬，這樣在快速揮打時被擊中也不會太痛，從而幫助克服被擊打的恐懼感，讓你能夠全心全意地學習閃避技巧。

　　讓你的訓練夥伴一開始慢慢揮動反應棒，專注於避開反應棒不被擊中。如果無法避開時，就用短棍來格擋，這樣就不會碰到身體(請不要用力打擊！)。當適應了這個速度之後，可以請夥伴加快攻擊速度，讓閃避更具挑戰性。

閃避反應棒同時也要做好防禦，為閃不開時的格擋做好準備。

　　夥伴應該如何揮動反應棒對你進行訓練呢？研究顯示，閃避成功率 80% 最有利於學習。如果你的閃避成功率持續低於這個水準，就容易感到沮喪，學習速度也會放緩。如果成功率持續高於 80%，就無法得到足夠的挑戰，進而無法獲得充分的學習。因此，夥伴應該用讓你平均每五次被擊中一次的均速揮動反應棒。若閃避成功率持續高於80%，那就該調高均速了。

遠距離防守戰術

以下介紹的遠距離防守戰術，其排列循序漸進便於記憶與應用。在實際格鬥中，仍需根據當下情況靈活調整運用這些技巧。

談及防守，我們首先想到的是擋住對手的攻擊。儘管防守可以有效阻擋攻擊，但若僅停留在防守階段是不夠的。若不能迅速制止對手的攻勢，對手便會持續進攻直至成功擊中目標。因此，應策略性地防守，並在每次成功格擋後迅速做出有力的反擊。

面對持武器的對手時，最佳策略是盡快使其失去武器。針對手部的攻擊力道需求相對較小，雖然造成的傷害可能比對頭部或身體的攻擊要小，但這樣的攻擊能迫使對手結束對峙。

這種稱為「去毒牙」的舉動其實並不容易，因為對手的手部是個移動迅速且體積較小的目標，不要追著對手的慣用手打。更明智的做法是等待對手發起攻擊，這樣擊中的機會會大幅提高。如此不僅可掌握對手的手在特定時候的位置，也可以因為對手專注於攻擊、疏於防守而反擊得手。況且，如果在對手揮棍時直接迎擊，產生的力道會比打擊靜止不動的手大上許多。

要命中對手的手部，就必須讀取對手的動作，看出攻擊從哪邊過來，並在腦海中迅速預測對手的手及武器行進的路線，進而用短棍截擊。需要透過持續訓練才能培養出這些技巧。

開門讓位

這一招對於好戰積極的對手特別有效。你需要與對手保持一段安全距離，站在對手的必殺圈外側，但別主動出擊。這種被動策略是為了誘使對手主動對你發起攻擊。當對手踏入你的必殺圈時，保持距離巧妙閃避他的攻擊，同時反擊其持武器的手。一次反擊後不要停手，應連續快速打擊對手的手與手臂。在閃避時，避免直線後退，而應該向側面繞出，從對手的攻擊區脫身。

在本例中，你與對手都在彼此的必殺圈之外。

對手進入你的必殺圈之前，你無法打中其身
上任何部位。但只要對手身體的任何一部分
進入你的必殺圈，要立刻用最長的招式攻擊。

主要打擊目標通常是對手持武器的前手。

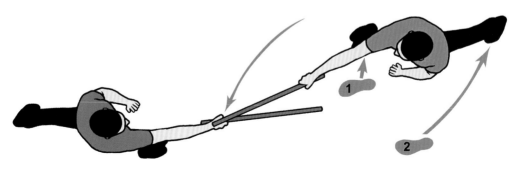

開門讓位俯視圖。

　　這個策略的成功率相當高，原因在於多數人使用短棍等短武器的攻擊模式相對固定。一般人會習慣使用慣用手(90% 的人是右撇子) 採取自然握法握持武器，攻擊前會做出將武器向後拉的準備動作，然後從右上方斜向左下方對著對手的頭部發動攻擊(即九種基本打擊的第一種打擊動作)。因此，未經訓練的人或過於積極的格鬥者，常常會因為本能作祟而誤判情況，忽略了遠距離的主要目標是手腳，而傾向於攻擊如頭部這樣的次要目標。

引誘與誘導

　　一個謹慎的對手不會輕易進入你的必殺圈，他需要被引誘才會採取冒險行動。在拳擊比賽中，引誘與誘導是常見的策略：故意留下破綻引誘對手發動攻擊，並誘導對手按照你的預期行動。一旦對手入局，你要能迅速收回誘餌，並針對他的弱點打擊。儘管這似乎有點危險也違反直覺，但實際上能有效創造反擊的契機。

　　舉例來說，從右上至左下的斜向打擊是很常見的攻擊方式，因此略微暴露頭部，常能誘導對手抓住機會從右上方迅速攻擊。引誘對手的方法包括逐漸放鬆防守姿態，若對手無反應，可稍微伸出空手或將頭部前傾。這些動作必須自然，讓對手相信是防守鬆懈，從而掉入圈套。然而，演戲時不要過於刻意，以免讓對手識破。

　　同時，要記住自己也暴露在危險之中，因為對手可能會趁機瞬間快速發動攻擊。因此，在設置誘餌前必須準備好防禦策略，確保在對手發動攻擊時能及時格擋或閃避，而免於被對手反將一軍。

<blockquote>

「利而誘之　亂而取之　卑而驕之」

— 孫子　《孫子兵法》

</blockquote>

> **編註：**利用敵人的貪婪來誘惑他、在敵人混亂時攻擊他、表現出自己的謙卑來讓敵人變得驕傲自大。

後手防禦

　　即使是經驗豐富的格鬥者也會落入後手防禦的圈套，尤其在戰局如火如荼進行時突然發動，更是防不勝防。後手防禦是將引誘與誘導做到極致的姿勢。後手防禦是十九世紀法國短棍格鬥家 Pierre Vigny 的招牌防守姿勢，並在 1912 年首次發表於《奧林匹克雜誌》上的〈L'art de la canne〉(手杖術的藝術) 一文中：

二十世紀早期的短棍格鬥家示範 Vigny 防禦姿勢與反擊。

「Vigny 防禦姿勢實際上是一種格鬥防守架式。左臂向前，如同持盾一般；右臂抬高置於後方，武器舉過頭頂，始終保持『蓄勢待發』，隨時準備彈出反擊。」

當遭遇攻擊時，立刻後退並迅速變換防禦姿勢，將短棍用力揮擊對手的手臂或手部，這樣的動作能確保有效打擊到目標。

一般來說，短棍都握在前手，因為空手在前會限制打擊距離，而且將短棍握在後手似乎更容易受到攻擊。然而，這也是後手防禦最適合引誘對手攻擊的原因。

後手防禦：站的位置剛好在對手的打擊距離之外，空手側的手腳在前，並將短棍高舉在後。

維持姿勢不動，直到對手發動進攻。

對手試圖攻擊你暴露的左側。

這時，前腳向後完整踏步，退出對手的打擊範圍，並打擊對手暴露出來的前臂或手。這個後撤步也同時能回到一般的防禦姿勢。

後手防禦除了將短棍舉高的姿勢以外，也可以採用低位後手防禦（尾式）。當對手進攻時，前腳向後踏一步，並由下往上迎擊。後手防禦是一種引誘對手攻擊的方法，務必謹慎使用且不要過度依賴，否則對手會識破你的計謀。

尾式：這是後手防禦的低位變化動作。一開始空手側的手腳在前，持棍手將短棍置於身後下方。

對手上鉤並拉近距離攻擊時，前腳向後踏步保持距離。

用基本打擊5，從右下往左上揮擊對手持武器的手。

去毒牙使對手繳械。

遠距離進攻戰術

　　策略和戰術同樣重要。策略是整體行動計畫，遠距離攻擊策略是：在保持距離的情況下，攻擊最遠可及範圍內的最近目標。雖然策略說起來簡單，但真正實行起來卻不容易，因此戰術要為實現策略制定具體技術。

按照此處提供的順序練習遠程攻擊戰術，不僅有助於記憶，還能讓你理解其中的遞進邏輯。組合從簡單的單一揮擊開始，逐漸過渡到更精細的技巧。每個組合都是獨立的攻擊，但組合起來構成一個完整的遠距離攻擊方案，其中包含層層遞進、能迅速使用的複雜戰術，確保你能始終領先對手一步。

記住！這只是一般的攻擊計畫，並非所有對手都會以相同方式應對。因此，隨機應變並根據當下的情況調整戰術非常重要。將知識融會貫通後，就不必拘泥於特定順序，可以靈活變換角度和目標。有效的遠距離攻擊組合應包括高效的步法和清晰的目標優先順序，保持距離並打擊最近的可及目標。

在防身的情況下，僅僅打擊對手持武器的手可能不足以結束對抗。即使成功使對方繳械，也要做好繼續攻擊的心理準備，直到你能脫離現場或確保攻擊者不再構成威脅為止。

瞄準外緣

短棍是一種鈍擊武器，所以打擊的目標必須容易受到鈍器傷害，而非像刀刃武器那樣側重於血管與內臟的切割或穿刺。

短棍攻擊依照目的可分為：分散注意的攻擊以及使對手失去行動能力的攻擊。

分散注意力的攻擊比如說打擊手部或膝蓋，雖然不會削弱對手的能力，但其目的是創造空檔和機會，為打出能讓對手失去行動能力的攻擊做鋪墊。雖然分散注意力的攻擊在整體策略中很重要，但並無法阻止意志堅定的對手。使對手失去行動能力的攻擊一般會發生在中距離，例如對臉部或頸側的猛烈攻擊可以造成嚴重損傷，從而使對手無法繼續戰鬥。

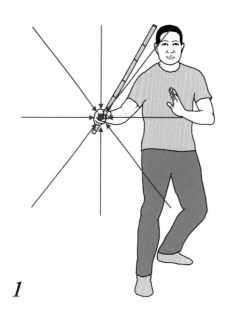

1

瞄準前手與前腳膝蓋時，要從各個角度攻擊。

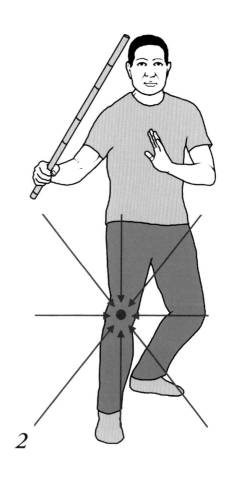

2

遠距離攻擊的主要目標，通常
是對手持武器的慣用手。

打擊依其性質可分為：結構攻擊、神經攻擊。

結構攻擊旨在破壞對手的肌肉、骨骼與關節，膝蓋、髖部、肩膀、手肘和手掌尤其容易受到影響。神經攻擊則會造成疼痛、肌肉無力，甚至失去意識。神經攻擊的效果包括重複打擊大腿外側坐骨神經，導致腿部麻木，以及打擊頸窩脆弱的頸動脈，啟動人體的血管迷走神經反應而引發昏厥。當發生昏厥時，身體對特定刺激會產生過度反應，導致心率和血壓突然下降，通常會引起頭暈，甚至失去意識。

其它攻擊可同時歸類為結構和神經攻擊，尤其是刺擊那些極度敏感的中線目標，例如眼睛、鼻子、喉嚨、心窩（上腹部橫隔膜下方）和腹股溝。

從遠距離切入時，要集中攻擊最近的目標，一般是手部和膝蓋。但由於手部和膝蓋的打擊目的是分散注意力，並不會造成結構的破壞，無法阻止對手。因此，要馬上利用自己製造的任何空檔，進入較近的攻擊距離，並揮出造成傷害的一擊。

單一打擊

落點精準的一擊絕對不可小覷。單一打擊有機會讓對手繳械，甚至在對手揮棍前就結束戰鬥。然而，要精準命中對手持武器的手，需要掌握時機、準確度和速度。這項技巧簡單直接，只需等待合適的時機突然對手部發出一擊，確保力量強大且落點精準。攻擊方式可以是快抽打擊、全力打擊或二次打擊。

成功命中的關鍵在於不讓對手察覺你的意圖。用眼角餘光確認目標，不要直視。注意在打擊前不要做準備動作，應直接從短棍當下的位置發出攻擊。因為兩點間最短的距離是直線，所以要以較淺的弧線進行攻擊，盡可能縮短揮擊時間。

單一打擊：對手的慣用手剛好在你的打擊範圍邊緣。

突然弓步向前，並用棍尖打擊對手的手背。

瞄準對手的手指骨，以迅猛而沉重的攻擊試圖打斷(因此練習時，雙方都應配戴護手)。第一擊得手後，立刻持續攻擊以快速終結對手(先分散對手的注意力，然後再造成傷害)。如果對手成功格擋，或者你不夠果斷、來不及立刻反擊，就應迅速回到防守姿勢，準備再次發動攻擊。此原則適用於所有遠距離打擊組合。

連續打擊

單一打擊只有一次擊中目標的機會，而連續打擊將兩次或多次的攻擊連接起來，大大增加成功的機會。一旦停止揮棍，到再次啟動揮棍就需要額外耗費精力和時間，因此攻擊不能停頓，要讓速度和動量持續，迅速流暢地從第一擊過渡到第二次完整的打擊，而且可以從任何角度切入。

第一擊與第二擊應結合為一個動作，如果稍有停頓，這兩擊就會變成分開的動作，使對手容易找到反擊的機會。因此在連續攻擊時，應該保持動量並迅速出擊。

連續打擊：紅衣站在白衣打擊範圍的邊緣，發現白衣的前手露出來。

用棍尖遠距離攻擊前手是基本戰術，對手很有可能會縮手閃避，這是正常反應。

一旦發現對手縮手，棍勢急轉從下往上連續打擊。

這次要伸得更遠，用棍尖靠下一點的棍身打擊目標。這樣一來，就算對手再次向後縮手，也仍然可能被棍尖打中手骨。

快抽打擊設置

　　全力打擊雖然威力強大，但需要穿越目標畫出一個大弧線，才能回到下一個準備姿勢。這種較慢的兩拍節奏容易被避開，而且如果未能命中目標，反而容易露出空檔而遭到對手反擊。

　　相對於全力打擊而言，快抽打擊可以迅速回到身體同側的蓄力位置，準備再次攻擊。儘管力量不及全力打擊，但因為速度更快，只要在快抽打擊後緊接著一個更深入的全力打擊，比連續兩次全力打擊更容易擊中目標。

快抽打擊設置：一開始在遠距離時，看見對手的前手伸出，就可以鎖定前手攻擊。

弓步向前並揮出快抽打擊，但對手將手縮回躲開。

馬上回到蓄力姿勢。

打出更深入的第二擊命中對手的手骨。

二次打擊

打出第二擊最快的方法就是進行二次打擊，也就是迅速繞一圈打出距離更遠的第二擊。二次打擊其實就是揮一次棍創造兩次打擊機會。這種攻擊防不勝防，因為在半拍間就揮出了第二擊。第二擊時應充分利用手腕的轉動和髖部的發力，保持短棍連續移動，盡可能在第二擊保持更多的力量和動量。

◆ 二次打擊：兩次都打手

一開始在遠距離時，看見對手的前手伸出。

向前打對手的持棍手，但對手將手縮回躲開打擊。

在不收手的情況下，迅速轉動手腕，用短棍進行同角度二次打擊對方的手。

第二擊打的距離要更深入，瞄準手的新位置進行打擊。

◆ 二次打擊：先打頭，後打手

從遠距離開始。

第一擊對準對手的頭部攻擊。由於雙方保持遠距離，對手會看見你的棍子揮過來，實際上你也希望如此。

看見對手格擋時,將短棍稍微收回,在對手
身前劃過但不碰到對手。

手腕立即翻轉。

劃圈進行同角度第二次打擊。

對手用棍子做高位格擋保護頭部,但你這次
是攻擊對手的手指。

　　如果無法引對手出擊,他反而後仰閃躲遠離你的打擊距離,其實只要用二次打
擊再次瞄準頭部即可。要注意的是,打擊頭部時就會進入中距離,必須切換成中
距離策略和戰術,或是馬上切換回遠距離。從近距離回到遠距離時,要從與切入
時不同的角度離開,才不容易遭到對手的反擊。同理,撤退時可以用動作小、速
度快的快抽打擊做為掩護。

◆ 三次打擊：打手、打手、打頭

這個打擊組合包含節奏掌握的元素，是接續上一個打擊組合，並從遠距離開始。

攻擊對手的慣用手，而他縮手了。

在對手身前劃圈進行二次打擊，再次攻擊對手的手。

對手一樣閃開，但很可能往後拉太多，露出頭部的破綻。

再劃一圈，接上第三次打擊。

進行第三擊，迴旋打擊對手頭部。

　　如果對手為了躲避你的第三次攻擊而後仰，你就應該用更深入的攻擊打向他的頭部。當對手持續後仰來躲避每一次攻擊時，你應該持續施壓，並用快速連擊佔住攻擊線。

當你再次瞄準對手的頭部攻擊時，戰鬥會轉入中距離，這個距離需要一套不同的策略和戰術。如果想暫時避開中距離戰鬥，並繼續用遠距離戰術，則應迅速退到遠距離的防禦位置，準備好下一波攻擊。

訓練器材：目標棍

目標棍是用來訓練精準打擊的重要工具，就像手靶之於拳擊手一樣。然而，手持武器訓練時，拿手靶的人離對方武器太近會有被誤擊的風險，目標棍就是為了安全而設計，讓拿靶的人臂展變長。目標棍不是用來訓練打擊力量，而是做為不斷移動的目標，提高掌握距離的能力以及打擊的精準度。

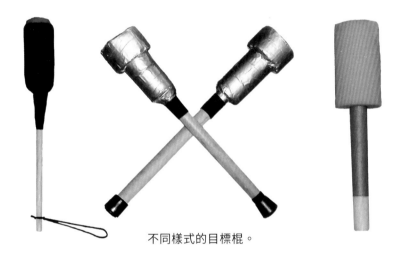

不同樣式的目標棍。

製作目標棍的方法如下：首先從把手開始製作(可用淘汰掉的短棍)，盡量選擇較長、大約兩呎(約 60 公分)的短棍，以保持雙手遠離夥伴的攻擊範圍，這在訓練初期尤為重要。接著用軟墊包裹短棍的上半部，舊地毯是一個選項，但比較重，發泡橡膠或泡棉管則是輕便且耐用的更佳選擇。無論軟墊使用什麼材質，要把棍尖纏厚一點，打起來就不會太硬。要讓目標棍更耐用，可在外面多纏繞幾圈布膠帶或運動貼布。最後，為防止目標棍在使用中意外脫手，可在末端綁上一條腕帶。

　　目標棍的材料可以自由挑選。我用過各種不同的自製目標棍，效果都很好。實際上，在不同目標棍設計的圖中，上圖最左邊的黑色目標棍只是將短棍插入空寶特瓶並纏上黑色膠帶而已。也就是說，唯一的限制只有你的想像力和手邊的材料。本書結尾的附錄有草圖以及製作目標棍的詳細說明。

　　在棍術訓練中，讓你的訓練夥伴手持目標棍，你則練習對其施展九種基本打擊技巧。在此過程中要特別注意不要誤傷夥伴的手，為了安全起見，夥伴應配戴適當的手部護具。

　　一開始，先以較慢的速度揮棍，確保能夠輕鬆且準確地擊中目標，之後逐漸加快揮棍速度。如果發現準確度下降，就需減慢速度，直到能穩定擊中目標後再次提速。當基本技巧熟練後，可以進行更自由的打靶練習，夥伴可以隨機移動一至兩根目標棍，讓你進行打擊。操作目標棍的夥伴除了改變高度，也需要包括後撤、前進以及繞入繞出等動作。

　　在訓練過程中，應該逐步減少每次打擊前的蓄力動作。如果使用棍尖進行打擊，就不應該將棍尖拉到身後蓄力。雖然將棍尖置於身後有助於學習正確發力並養成習慣，但實際上會增加完成打擊所需的時間，且會讓對手看出你的意圖。所以，應該學習從棍子當前的位置直接快速打擊目標。注意控制動作的正確性，避免過度用力。重點是，目標棍的功能不是訓練力量，而是提升打擊的流暢度以及準確度。

從各個角度和平面打擊目標棍，盡量以棍尖進行打擊。

假動作

　　使用假動作(或佯攻)是創造對手破綻並擊中目標的絕佳策略。首先，發動看似全力但實際上是虛攻，目的是讓對手容易察覺並誘使進行格擋。當對手對你的第一擊做出反應並試圖防守時，你應迅速改變打擊方向，從另一個角度發起攻擊。這樣對手就來不及調整原本的防禦動作。如果你能精準把握時機，第二擊就應在半拍時打出(而不是一般的兩拍子攻擊)，讓對手沒有足夠的反應時間。

　　將基本打擊配對組合，可以從對角做出假動作。舉例來說，基本打擊 1 和 2 就是很好的虛實打擊組合。幾乎所有兩個不同打擊角度的配對組合都可運用，從中可以找出適合自己打擊風格的假動作組合。

一開始施展基本打擊 2，身體前傾並反手將短棍由左上往右下斜向打擊。這個動作必須讓對手信以為真，他就會用短棍對他的右上方做格擋。

但揮擊到一半，也就是對手認為可以擋住攻擊的時候，你立刻將打擊轉向，繞過對手的持棍手，變成基本打擊 1 從右上到左下斜向打擊對手的頭部。

　　在執行假動作時，避免與對手的短棍直接接觸，但在對手全力防守之前必須盡全力進攻。一個非常重要的原則是，假動作進行中不能中途回拉或暫停，以免將最後一擊拆成兩個動作(也就是回拉蓄力、再打出去)。你必須在揮棍過程中，從基本打擊 2 流暢切換到基本打擊 1 才行。面對鏡子練習或錄下練習影片，觀察自己兩次打擊之間的轉換是否有回拉或暫停的狀況。在能夠完美執行假動作銜接真正攻擊之前，需持續修正缺點並磨練技巧。

　　但是，如果對手沒有對你的第一擊作出防禦反應，那就把假動作變成真的進攻，直接打下去！

迴旋：花式六擊

　　花式六擊是由三個二次打擊組成的簡單迴旋，可以幫助提升二次打擊的流暢度及速度。同時，它也可以做為一個非常有效的攻擊組合。

從基本打擊 1 開始，從右上到左下斜向打擊。

打擊進行到一半時，停止手臂的動作，同時轉動手腕，進行同一角度的第二擊。

劃圈打出反手的基本打擊 2，由左上到右下斜向打擊。

轉動手腕，改為垂直向下的一擊。

短棍停在棍尖朝下、位於身體外側下方的位置，接著垂直向上打出反向的一擊。

轉動手腕劃圈後打出第二次垂直向上的一擊，並回到可以重複花式六擊的起始位置。

將前腳拇趾球做為轉動軸，並利用髖部發力，要練習到每個動作都能流暢連接。可使用目標棍精進打擊的準確度。由於目標棍主要用來訓練準確度而非力量，因此打擊時不需過度用力。應該專注於提升控制距離、準確度以及對棍尖的操控能力。

若要增強力量，可以選擇打擊一根未包覆軟墊的短棍。讓夥伴將短棍平行握在他的身前越遠越好。想像對手握棍的位置在棍尖，每一擊都瞄準棍尖，這不僅能提升準確度，也能避免真的打中夥伴的手。當然，還是建議夥伴要佩戴護手。

如果你是拿著目標棍的人，不要只是站在原地看著夥伴練習，還可以利用這個機會訓練握力和手臂力量，等感到疲勞後再換手。此外，這也是訓練洞察力的好機會，仔細觀察夥伴打擊時的肩膀與身體的移動方式，對讀取對手動作有很大的幫助。

訓練器材：打擊點

打擊點是練習棍術時的絕佳工具，能夠幫助你在獨自練習時提升專注力和打擊的精準度。此器材製作簡單且成本低廉，而且準確打到目標時發出的彈簧震動聲，也會令人非常愉悅。

　製作打擊點需要的材料包括法蘭盤(flange, 輪緣)、法蘭接頭、彈簧、網球與螺絲釘。法蘭盤有四個螺絲孔，一般用於將鋼管垂直接到平面。用法蘭接頭將彈簧與法蘭盤接合(要找能與法蘭接頭螺紋對正的壓縮彈簧)。最後，在網球上挖一個可以接上彈簧的洞(洞越小越好)，並將彈簧一端塞入網球洞。本書結尾的附錄有製作方法說明。

遠距離作戰計畫

　接下來，我們要將之前介紹的遠距離進攻與防守策略及戰術結合，形成一個有效的整體作戰計畫。然而，可運用的組合太多也是個麻煩。李小龍曾提到「選擇反應時間」的概念。他認為：選擇越多，大腦做出決策的時間就越長；選擇較少，做出決策就越快，從而縮短反應時間。

　現在，你已經學會入門所需的所有基本的遠距離攻防技巧。接下來的功課就是活用所學，編排戰術流程圖，以擬定隨時可用的遠距離作戰計畫。

　要注意！體育競技中的戰鬥心理與防身情境下的戰鬥心理是不同的。在真實的戰鬥中，你需要在保護自身安全的情況下儘快制服對手，一直保持遠距離不見得是最好的選擇。

　在競技比賽中，開始時慢慢進入狀態，然後逐步加強攻勢是一個合理的策略，因此遠距離戰術一開始通常是有效的。就策略上來看，從防守過渡到進攻通常是

較佳的做法。如果你一開始就過於積極發動攻擊，不僅可能錯過初期探索對手的機會，一旦你決定從進攻轉為防守、突然撤退和設立陷阱，對手很可能會變得警覺，這會讓引誘對手入局變得更加困難。

因此，建議一開始先運用防守策略及戰術。等對手衝進來，再進行繞出與反擊。誘使他發動攻擊，這樣你就可以瞄準他的手。如此一來，當你突然轉換成進攻模式時，就有出其不意的效果。而當對手開始注意你的防守動作且不再輕率進攻時，你再轉守為攻。

希望你的防守戰術不僅實際有效，還能對對手產生心理壓力。當對手的主要攻擊被你成功抵擋後，他可能會信心降低或至少不再那麼積極進攻，這有助於打破他的進攻節奏。當對手開始猶豫不決，不知如何是好時，便是你實施更積極戰術的最佳時機。如果對手忙於防禦你的連續打擊組合，就很難有效發起進攻，從而讓你掌控戰局。

我提供兩種作戰計畫的草案。第一種是循序的簡單線性流程圖，剛剛已經介紹過。第二種則是比較進階的流程圖，涵蓋的戰術相同，但包含了幾種不同的可能方案，並明確指出每種戰術的適用時機。第一種線性流程圖很簡單且容易記憶與運用，但缺乏第二種的靈活多變。後者可根據對手的行為（進攻、防禦或中立），規劃不同的應對方式，這兩種計畫各具優點。深入研究這兩張流程圖，有助於更全面地理解遠距離打法的策略和戰術，讓你可根據個人的成功經驗擬定新的作戰計畫。

事前有了充分的準備，遇到真正的對手時才知道如何更好地應對，不再是隨機亂打，而是有系統、有邏輯的作戰計畫，能控制戰局並打倒對手。

當然，如果你有實戰經驗，就知道實際情況不會照著劇本進行，但有計畫總比沒計畫來得好。能讀取對手的動作，在適當時機運用不同策略和戰術，才是精妙之處。

遠距離作戰計畫

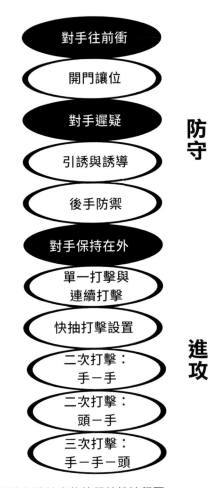

遠距離作戰計畫的簡單線性流程圖。

「如果不做好計劃，就等著失敗。」

– 班傑明・富蘭克林（Benjamin Franklin）

「在真正遇上敵人之後，任何作戰計畫都不奏效。」

– 普魯士陸軍參謀長，老赫爾穆特・馮・毛奇
（Helmuth von Moltke the Elder）

92

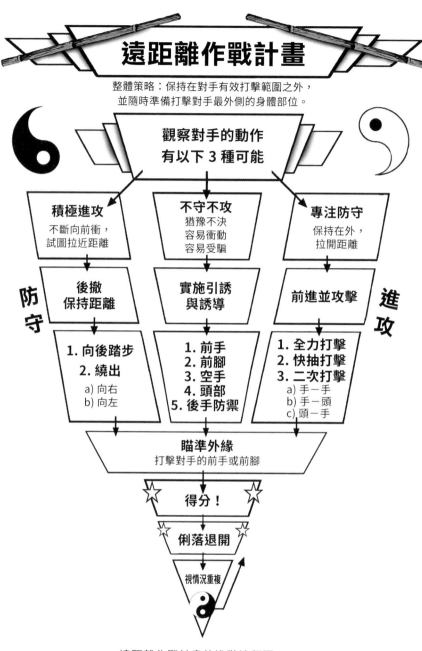

遠距離作戰計畫的進階流程圖。

階段二　訓練課表

目標：這份 60-90 分鐘的訓練課表，是為了學會運用遠距離作戰計畫所需的技巧。

1. **暖身**：15-20 分鐘。首先從低強度伸展開始，伸展的例子在本書前面講過。讓訓練夥伴朝你揮動反應棒來代替跳繩。利用步法離開對手的打擊距離：對手前進時，不要直線後退，要從左側或右側繞出。透過向反應棒這個假想對手揮棍，以活動手臂和上半身。同時注意！這是在練習遠距離的步法，因此如果棍子快碰到夥伴，表示靠得太近了。遠離對手的攻擊範圍是首要目標，雖然不是每一次都能完全避開，如果來不及拉開距離，可以蹲下閃避或用短棍輕輕格擋，以避免被對手碰到。如果呼吸急促就休息一下，並進行低強度伸展，直到心率恢復正常再繼續。

2. **準確度與距離控制**：15-20 分鐘。可以用兩條泳池常見的發泡棒進行對抗訓練，只以對手的前腿與持發泡棒的手做為目標，但不要打頭！這個練習的目的是一邊保持距離，一邊打擊對手的前手。這個有氧運動也可以代替跳繩。

3. **夥伴訓練**：15-20 分鐘。放慢速度，與夥伴逐步練習簡單版的遠距離作戰。每一個技巧的變化都需仔細練習，之後再漸進到進階版的作戰訓練。記得！這是一場練習而非真實對抗，因此要控制動作速度。你可以有意留下破綻，誘使夥伴接近，並要求他以實戰一半的速度進攻。如果引誘太過明顯，雙方應相互提醒，以增進訓練的效果。

   所有動作都以半速進行，這樣的慢動作有助於確保動作執行正確。在執行每個打擊動作時，慢速可以更好地分析與評估，有助於進步。如果依靠直覺快速揮棍，反而降低訓練的效果。使用半速訓練，可以讓你有時間觀察和感受，並流暢地揮動短棍。隨著熟練度的提高，動作自然會加快且更加流暢。即使你和夥伴都有控制速度和力道，建議還是穿戴基本的護具，如手套和頭盔，以增加安全性。

4. **爆發力訓練**：10-20 分鐘。爆發力訓練的方法是對著對手的短棍執行花式六擊。要求夥伴將短棍前伸，並讓棍尖離他的身體越遠越好以避免被打中。專注於短棍前端約 6 吋 (15 公分) 的範圍進行打擊，並假設對手的手就位於該位置。動作要逐漸加快速度並增強力量，連續打出六擊後無縫接軌重複進行。右手訓練完成後，換成左手持棍進行同樣的訓練。

5. **緩和**：5-10 分鐘。花幾分鐘讓身體從戰鬥狀態回復放鬆休息狀態。此時適合進行靜態伸展，提高身體的柔軟度並代謝肌肉中堆積的乳酸。

要有創意：習慣這些技巧後，就試著在不同情境下訓練：在雨中訓練、在階梯等不平整表面訓練、坐著訓練，或甚至躺在地上訓練。平時訓練的短棍可以換成任何當下可取得的武器，比如說雨傘、網球拍等。

自主訓練：訓練課表的很多訓練項目要有夥伴一起執行，但就算夥伴沒空，你還是要能自主訓練，所以可視情況修改訓練項目。有時候，眼前沒有真正的對手，就只能用想像力創造，此時就可以藉助鏡子。要訓練準確度的話，可以用打擊點代替夥伴手持的目標棍。夥伴也可以用輪胎假人或沙包替代，如果用繩子或鎖鏈吊起，就可以讓器材擺盪，模擬真實對手的動作。

追蹤記錄：別忘了在訓練日誌記錄各個訓練的內容。如果你還沒開始寫訓練日誌，最好現在就開始。要記錄每個訓練進行的時長，並簡短摘要完成的事項。透過設定新目標，不斷突破提升，並利用設定的目標激勵自己，讓訓練既有趣又具挑戰性。

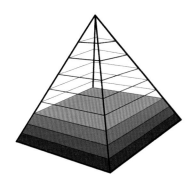

階段三
拉近距離

進攻切入

即使你偏好遠距離作戰，也一定會遇到必須進入中距離戰鬥的時機，因為在中距離戰鬥時，你可以利用空手去控制對手拿武器的手。從遠距離切入中距離的情況有很多，也許是你在遠距離打法中不佔優勢，或者策略就是跳過遠距離直接與對手在中距離作戰。另外，也可能是處於自衛的狀況，在沒有時間遠距離對峙下，需要迅速解除對手武裝並結束對抗，就必須過渡到近戰。無論原因為何，在拉近距離之前都必須穿過對手的遠距離打擊區，這就是所謂的進攻切入。

在往中距離移動時，最容易在逼近過程中遭到對手攻擊，因此在切入時，關鍵是想辦法不被擊中，同時安全地進入中距離打擊區。要成功實現這一點，你可以採用稍後會介紹的幾種方法，雖然不能保證萬無一失，但在絕大多數情況下都能成功。

如果你正與對手進行遠距離對戰，那麼進攻切入就只是一個時機的問題，因為你必須等對手處於不利位置時才發動進攻。對手可能因為過度用力而失準，這時他很可能就會露出破綻，而這樣的破綻只會在一瞬間出現，因此你必須隨時準備好，在對手攻擊落空時立即切入攻擊。

要提高成功率可以控制打法。使用引誘和誘導技巧，創造一個對手無法抗拒的誘餌目標，以吸引對手進行大範圍揮擊。當對手受誘上鉤後，就立即調整他所瞄準的目標位置。如果對手全力攻擊，揮擊的動量很可能會使武器超出目標範圍，此時應立即利用對手防守中的漏洞進行反擊。

花式過渡

你可以利用快速連擊掩護自己的逼近來進攻切入，使用花式迴旋攻擊對手的前手，逐漸靠近直到進入中距離範圍。編註：花式是指流暢的迴旋或擺動武器，可達到分散對手注意力，並讓對手難以預測你的下一步動作。當然本身也必須具備良好的控制技巧才行。

利用花式切入：一開始在遠距離攻擊，瞄準對手拿武器的手。正如所料，對手縮手以避開你的第一下打擊。

利用二次打擊畫圈進行距離更深入的打擊，對手再次試圖縮手閃避。

對手現在處於不利位置，無法揮出重擊，讓你在反手打出第三擊時有跨步切入中距離的機會。

向外迴旋打出第四擊，同時伸出空手以控制他持武器的手。

棍子反向垂直朝上揮出第五擊攻其下巴。

畫圈後以第六擊向上打對手下襠。

閃電攻擊

　　閃電攻擊是指攻擊方利用短暫、快速且強而有力的進攻突破對手防線，瓦解對手的防守以進行一擊致勝的策略，此打擊組合簡單有效。

　　你可以利用劍術中的拍擊技巧來破壞對手的防守。拍擊是指敲打對手的武器以打開攻擊路線。拍擊對手的短棍時，要用快速、猛烈的快抽打擊，才能在半拍上打出第二擊。要打擊對手短棍最弱的地方，盡可能離棍尖越近越好，才能造成對手武器最大偏移的效果。不要打擊短棍的中段，因為那是短棍結構較堅固的地方，能造成對手武器偏移的幅度較小。拍擊時切勿過度用力，因為你只有極短的時間利用對手武器被拍開的空檔進行第二擊。

閃電攻擊：從遠距離正面與對手相對。

後腳向斜前方踏步並打向對手武器的前端。

一擊拍開對手武器，打開攻擊線，此時是對手的防守空檔。

立即反手瞄準對手頸部或頭部，進行水平方向打擊。

模式控制

　　人類的思維模式很容易被預測，大腦有尋找模式的自然傾向，而你可以利用這一點來誘導對手按照你的意圖行動，這就是所謂的模式控制。這是安排攻擊技巧的極佳方法，可以顯著提高突破對手防守的機會，從而打出決定性的終結一擊。要實現模式控制，先要讓對手預期你將進行某種攻擊，然後在揮棍途中快速改變攻擊角度。這種突如其來的變化能有效誤導對手，為你的攻擊創造機會。

　　一開始鎖定對手有破綻的目標進行攻擊，如果被擋下就回到準備姿勢，稍微等待後再以相同方式攻擊同一目標。每次攻擊後，都要觀察對手應對你的技巧，並迅速判斷他暴露出什麼新的破綻。第三次攻擊時，對手往往會下意識地預期你將重複之前的攻擊模式，你就可以利用這一點，做出相同攻擊的佯攻，並在對手露出破綻時，立刻變化手法精準打擊。

　　再次強調掌握時機的重要性。當你發現對手全力防守時，必須全力以赴進行佯攻，對手才會相信這是你的攻擊模式。然後迅速流暢地將原本的佯攻轉變為出其不意、防不勝防的角度打過去。切勿在規律的一拍、二拍進行打擊，這會給對手機會調整步調並進行反擊。應該在半拍時進行打擊：不是在「一」或「二」，而是在「一拍半」時！這樣的時機可以有效打亂對手的節奏，增加攻擊的突然性和有效性。

模式控制：身體前傾，以基本打擊 2 從左上往右下的快抽打擊。是否真能打中對手的頭並非重點，而是期望對手將你的攻擊視為真正的威脅，並舉棍格擋他的右上方區域。

馬上回到起始姿勢。

對相同目標進行第二次快抽打擊，讓對手相信你的攻擊模式習慣從這個方向過來。

快速拉直身體回到準備姿勢。

現在對手應該已經適應並且預期你會再次從你的左側發動攻擊。第三擊的起手方法與前兩擊相同，誘導對手揮棍格擋其右上方。

然而，第三擊揮到一半時，對手心想能夠擋下這可預測的一擊，但你卻突然改變打擊的角度變成基本打擊 1 繞過了對手的防禦，並從右上往左下朝對手的頭部打擊。

蚱蜢跳躍

　　雖然你主要使用的是短棍，但這並不表示你只能使用短棍，而忘記自己擁有的其它戰鬥工具。例如，你的腿也是一個強大的武器！如果你學過踢技，可以考慮將其融入短棍術中。在中距離戰鬥中，對對手的腰部以下進行低位掃踢通常能夠成功踢中，因為這種攻擊往往出人意料，增加了命中的機會。編註：取名為蚱蜢跳躍，象徵此動作需要快速敏捷地踢腿與跳躍動作。

蚱蜢跳躍：這雖然不是正規拉近距離的方式，但也因此讓人防不勝防。一開始先站在打擊距離外。

抬起後腿膝蓋並向前踢擊。

利用第一次踢擊的動能，帶動身體突然向前跳起，並換腿做第二次踢擊。

由於踢擊不是主要攻勢，因此腳的高度不需要踢超過自己的膝蓋。

踢擊的主要目的是吸引對手防守下盤，避免被你的腳攻擊。

一旦看見對手準備防守下盤，就立刻打擊對手頸側，最好能使其失去意識。

防守切入

　　研究顯示，歷史上頭部受傷的模式常見於頭部左側，此現象在右撇子主導的攻擊方式中尤為明顯，他們習慣從右上往下揮擊。無論是羅馬戰士或中世紀士兵，大多數頭部受傷都集中在左側。邁克爾・卡希爾在 2016 年的研究中分析了 1461 年玫瑰戰爭期間，英格蘭陶頓戰役的受傷情況，他發現大部分鈍器傷害出現在頭骨的左前側，這表明受害者多半是在與右撇子攻擊者的正面戰鬥中受傷。

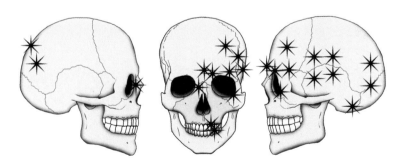

罩式格擋掩護

　　歷史數據清楚顯示，戰鬥中的大部分打擊都是由上而下朝對手左側揮下。這種情況在短棍格鬥中也類似。因此，在尚未與對手過招前，防守切入的第一要件應該是保護自己的左上方區域。常見的防禦方法是執行高位格擋，又稱為罩式格擋（roof block）或向上格擋，做法是將短棍斜舉過頭頂，棍尖朝向左肩。

罩式格擋：從遠距離面對對手開始。稍微降低你的防守姿勢，就能誘導對手從上方攻擊你的頭部。

使出罩式格擋保護自己的左上方區域時身體向前傾，並用空手控制對手拿武器的手。

後腿向前踏步，並從防守姿勢轉換為進攻，用基本打擊 2 從左上往右下攻擊對手的頸側。這一擊有很高的機會觸發對手迷走神經反應，造成頭暈甚至昏倒。

立即迴旋轉髖加力，朝對手上腹（心窩）做水平打擊，試圖讓對手橫隔膜抽搐而喘不過氣。

髖部發力向右轉回來，同時左手向下滑動並緊握對手的短棍，然後右手越過對手持武器的手臂上方，用棍尖瞄準他的太陽穴打過去。

如此可讓對手完全繳械。

　　當利用格擋來拉近距離時，速度是其中一個最關鍵的要素。在遠距離停留的時間越少，你在切入時受到對手攻擊的機會也越小。拉近距離最快的方法就是向前踏大步。這種踏步方式與正常行走和跑步相似，自然是比滑步更快的前進方式。

　　你的打擊要千變萬化，從各角度和平面打擊對手，就不容易被對手預測。舉例來說，使用罩式格擋保護頭部拉近距離時，可藉此準備好打擊對手的前手。這一擊也可以瞄準任何打擊平面，比如說，可以接上從右上到左下的基本打擊 1，瞄準對手左側的頸窩；也可以接上從左到右水平方向的基本打擊 3，穿過對手的腹部，瞄準橫膈膜；或者低位打擊對手前腿的膝蓋內側。

瞄準膝蓋：從遠距離面對對手開始。

首先，格擋從自己左上方而來的攻擊時，身體同時前傾，並用空手伸向對手持武器的手。

用完整踏步迅速拉近距離。用空手控制對手持武器的手時，將短棍繞過自己的頭。

由上而下打擊對手的前腿膝蓋。

向上揮擊

在反擊時還有一種較為隱蔽的動作,是從右向左斜上方揮擊,目標是對手的下顎。由於這種打擊可以有效命中從肋骨到頭部側面的任何位置,提供了較大的誤差容許範圍,從而增強了此技巧的實用性。

向上揮擊:從遠距離面對對手開始。

首先,格擋從自己左上方而來的攻擊時,身體同時前傾,並用空手伸向對手持武器的手。

控制對手持武器的手,並揮棍繞過頭頂,轉換為斜角度由下往上打擊。

瞄準對手下顎打擊。

打臉攻擊

　　這項技巧對於防身來說簡直絕妙！如果擋住對手的視線，就很難對你構成威脅，因此攻擊對手時不要只用手掌，還要用虎爪。虎爪需要用力繃緊手指，使指尖朝前。重點就是掌握先機攻擊對手最脆弱的目標，也就是雙眼。用五隻手指攻擊對手兩顆眼球，插中的機會很高。插眼需要速度與準度，但不需要很大的力量，只要命中就能短暫讓對手失去行動能力。編註：其實掌擊鼻梁或打咽喉也是很好的攻擊手法。

打臉攻擊：露出你的頭部來誘導對手由上而下打擊。

跨一大步切入拉近距離，同時保護自己的左上方區域。

用短棍格擋對手的打擊，你的空手並不是去控制對手持武器的手，而是用手掌打向對手臉部，並以手指攻擊眼睛。

將對手的頭向後推，破壞他的姿勢，使其無法有效防守或反擊。

階段三　訓練課表

目標：這份 60-90 分鐘的訓練課表，可學會安全地拉近與對手的距離。

1. **暖身**：15-20 分鐘。首先從低強度伸展開始，伸展的例子在本書前面講過。完成伸展後，進行 5-10 分鐘跳繩，接著再做低強度伸展，讓心率回到正常。下一步是練習短棍的基本動作，如繞 8 字 (水平打擊、垂直打擊、斜向打擊) 與花式六擊。要記得！此時還是暖身階段，所以速度不用太快，應致力於精進技巧。

2. **拉近距離**：40-60 分鐘。站在訓練夥伴的有效打擊距離之外，兩人各自手持短棍。輪流練習進攻切入，運用不同戰技拉近距離，如花式六擊、模式控制，或是蚱蜢跳躍。接著練習防守切入，用罩式格擋防守。也要記得練習隱蔽的反擊技，如向上揮擊與打臉攻擊，並練習每個技巧的變化動作。再一次強調，要忍住開始對打的衝動，速度要放慢且力道要控制。

   所有的動作都以半速練習，慢動作能讓你專心改進自己的技巧，動作熟練後自然而然就會加快且流暢。即使你和夥伴都有控制速度和力道，建議還是穿戴基本的護具，如手套和頭盔，以增加安全性。

   如果沒有夥伴 (也可能因為你打太大力，沒人願意跟你練)，就用輪胎假人或沙袋練習，假裝它是真的對手，並在練習時想像對方的反應。

3. **緩和**：5-10 分鐘。花幾分鐘讓身體從戰鬥狀態回復到放鬆休息狀態。這時適合進行靜態伸展，以提升身體的柔軟度並代謝肌肉中堆積的乳酸。

追蹤記錄：別忘了在訓練日誌記錄各個訓練的內容。透過設定新目標，不斷突破提升，並利用設定的目標激勵自己，讓訓練具有挑戰性又有趣。

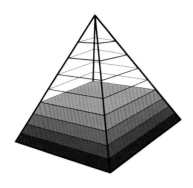

階段四
中距離進攻

中距離的特性

中距離是指伸出短棍即可觸及對方身體的距離。在此距離下，你不僅能夠觸碰到對手，還有機會控制他的武器。此外，透過觸覺可以大略感知對手的動作，甚至捕捉到他的意圖，尤其是當你接觸到對方的慣用手時更是如此。

短棍在中距離作戰的策略與戰術，與遠距離作戰迥然不同。在遠距離，攻擊通常是間歇性的快速爆發；而在中距離，打擊的頻率則顯著提高。一位訓練有素的短棍格鬥者，在一秒鐘擊打五次是很正常的事。

由於距離夠近可以進行身體接觸，所以你可在中距離時利用空手控制對手的武器。這種方法可以有效阻止對手攻擊，還可在保證自身安全的同時發起反擊。

中心、中線與攻擊線

為了深入掌握短棍術的細節，首要了解「中心」、「中線」和「攻擊線」這三個基本概念。這裡我們將脊柱視作身體的中心軸，即代表身體的「中心」。「中線」是一條虛擬的直線，從身體的中心垂直向下至地面，並在正前方的垂直平面上延伸(編註：中線就位於矢狀面)。而「攻擊線」則是連接你與對手兩個人「中心」的假想線，代表最直接的攻擊路徑(下頁圖1，此圖的兩人中線都朝前方，攻擊線則是兩人中心的連線)。

當你(紅衣)的中線與攻擊線重疊對齊時,表示對手(藍衣)位於你的正前方,這是發動攻擊的最佳時機。在這種位置中,你能夠最大限度地發揮武器和空手技的效用。因此,在實戰中保持中線朝向對手,通常是最理想的策略。然而,如果你與對手正面對立,由於彼此的攻擊線完全重合(下圖2),則雙方都不具明顯優勢。

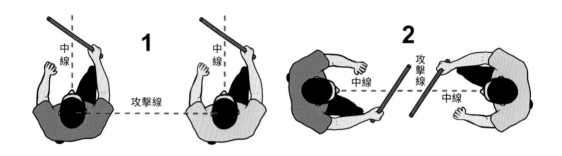

因此,盡量不要身處對手的中線上。利用逆時針滑步快速繞到對手左側(你的右側),就會進入對手的減速區,使其即使打到你也是在力量較弱的時候(下圖3)。接著馬上調整身體中線對正對手的中線,讓自己的中線與攻擊線重疊,將對手置於自己打擊區的正中央(下圖4),趁對手中線還沒來得及對正你之前迅速出手。

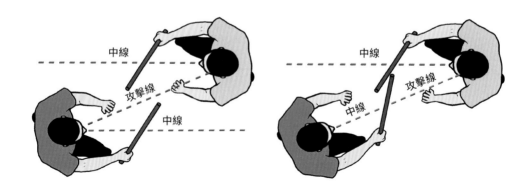

另一個方法是繞到對手的右側(你的左側),進入對手的加速區,可以在對手還在蓄力時阻擋他。

中距離攻擊目標

　　雖然每次打擊的路線比較固定，但對手不會永遠待在同一個位置，因此每一種基本打擊的角度也可以做些變化。舉例來說，向下的斜向打擊可以瞄準太陽穴、頸窩、肩峰(肩膀最外側)、手肘或手掌。向上的斜向打擊可以瞄準膝蓋、坐骨神經、髖骨、肋骨或手肘。向下的垂直打擊可以攻擊頭頂、臉部、鎖骨、肩峰或手。向上的垂直打擊可以攻擊下襠、手或下顎。水平打擊可以瞄準的目標很多，從太陽穴到膝蓋都是目標範圍，其中也包含手肘與手。刺擊可以有效攻擊臉部、咽喉、上腹(太陽神經叢)或是下襠。這樣的多樣化攻擊技巧，能讓你在中距離實戰中更具靈活性和不可預測性。

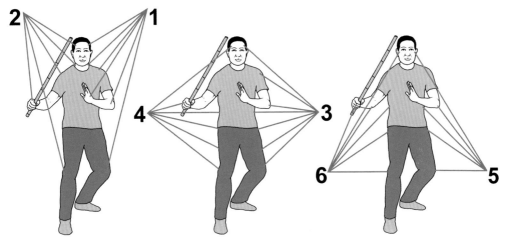

每個基本打擊都可以變換不同的角度，可打擊的目標就難以預測。

　　持續運用熟悉的技巧，從各種角度和平面上攻擊可以打到的目標，直到制服對手。無論何時，都應盡可能判斷當前的情況並保持自制，只使用控制局面所需最少的力量。對於初學者來說，這可能相當有挑戰性，但隨著你的短棍術漸趨熟練會越來越容易。

中距離打擊的基本組合

一般來說，單一打擊很少能立即制服對手，因此應該透過精心設計的打擊組合進行攻擊。打擊組合是預先規劃好的一連串動作，平時要多加練習才能在實戰中運用。這些組合有強弱之分，且組合中的每個動作都有特定的用途。有效的打擊組合具備完整的功能性，使其在實戰中更容易攻擊得手。

其實在階段一練習的九個基本打擊套路，就已經編排成一個打擊組合，只要按照指定順序連續全力打擊就可發揮組合打擊的效用。

上-下組合：紅衣注意到對手採取高位防守。

瞄準對手的右上方高處揮出基本打擊 2 的快抽打擊，誘導對手舉起手做高位格擋。

一旦對手採取高位格擋，立刻流暢地切換成基本打擊 4 瞄準對手右下方的全力打擊。

以空手控制對手持武器的手，立刻用基本打擊 3 轉向瞄準對手左側身體揮出水平打擊。

基本打擊 1、2 可快速攻擊對手的左右兩側，基本打擊 3、4 也能達到同樣的效果。然而，練習的目標應該是將各種打擊技巧快速串連，形成有效的組合，因此不要只練習基本套路。由三到四個打擊組成的短打擊組合較容易記住，且在實戰中更易於執行。無論是哪種組合，每一擊都應該製造對手的破綻，為下一擊做好準備。

速擊法

我的格鬥知識多數來自菲律賓武術 eskrima 師父－史蒂夫・沃爾克 (Steve Wolk)。1990 年代初期，我有幸與史蒂夫師父一起訓練，讓我首次接觸到這些打擊組合。當時，史蒂夫正積極為 WEKAF (World Eskrima Kali Arnis Federation) 錦標賽備賽，而這些套路就是他苦練的秘密武器。他會對著沙袋練習打擊組合連續數個小時。我們曾計時觀察史蒂夫執行套路的速度，發現他可以輕鬆地每秒至少打擊六次，並能長時間持續。這種努力明顯取得了顯著成效，多年來他已經贏得六次世界冠軍。

THE REPORTER — FRIDAY, OCTOBER 20, 1989

Local chemist hard at work on top stick-fighting formula

MASKED MAN: Steve Wolk of Hatboro peers out from behind the protective mask he wears for stick fighting.

史蒂夫師父依據短棍揮動的軌跡，為一些套路賦予了一個字母名稱。有些套路的軌跡確實與其字母形狀相符，但也有些並非如此。使用字母命名主要是為了方便稱呼各種打擊組合，至今我也未能找到更好的命名方式。本書收錄的這些套路均得到史蒂夫師父的授權，也是首次以紙本方式發表。

史蒂夫戴著短棍格鬥專用頭盔的照片。

直升機打擊

　　直升機打擊是極為快速的打擊方法。一連串過頭的橫向水平快抽打擊，每一擊連貫銜接，對準對手頭部兩側進行多次快速打擊。正確執行此技巧的關鍵是讓手在一個固定點，利用手肘在身前左右移動，以手腕為軸心快速轉動。

自主練習：轉動手腕，打出過頭的水平反手快抽打擊（圖 1）。利用反作用力轉換成第二下反向過頭的水平反手快抽打擊（圖 2）。

打擊目標：為了讓打擊力量大且速度快，練習時請訓練夥伴將短棍垂直握在面前，再用你的棍尖打擊他的棍尖。

注意不要打中夥伴的手。夥伴應在訓練初期穿戴保護手部的護具。如果沒有夥伴，就對著沙袋或輪胎假人練習。

與夥伴訓練：使用直升機打擊的方法之一是故意露出頭部，誘導對手攻擊你的頭。

對手上鉤後，用過頭罩式格擋擋下他的打擊，控制對手持武器的手。

清除高位的障礙，利用手腕轉動打出過頭的水平快抽，攻擊他的左側太陽穴。

利用打中的反作用力，轉換成第二下反向過頭水平快抽，攻擊頭的另一側。速度夠快的話，在對手開始反擊前，你已經重複這個打擊很多次。

　　直升機打擊可以精確打中對手的太陽穴。太陽穴位於頭骨相對薄弱的部位，極易因被擊中而使得鄰近的顳骨破碎，其內是腦膜中動脈與靜脈分支的匯聚處，一旦發生骨折可能會切斷血管，導致腦部與顱骨之間的出血。根據打擊的強度，輕則頭暈或失去意識，重則甚至可能死亡。

S 形套路

　　這個套路的軌跡與字母 S 相似。S 形套路的概念簡單且實用：利用直升機打擊誘導對手抬高防禦，接著突然轉換朝下方目標攻擊。讓這個打擊組合既快速又有力的秘訣，在於每一擊都要藉由扭轉髖部發力。

　　我們知道對著太陽穴的幾下打擊可能造成嚴重的破壞，而這個組合的最後一擊則會瞄準對手的橫膈膜，也就是心窩的位置。這種打擊會造成橫膈膜失控痙攣，帶來極大痛楚。由於橫膈膜控制肺部，也會造成短暫的呼吸困難。根據打擊的角度和力量多寡，傷害更甚者還會肋骨瘀血或斷裂。

◆ 自主訓練

揮出從右到左的過頭水平反手快抽打擊。

手腕轉動 360 度,變成從左到右的第二下快抽打擊。

以基本打擊 3 從右到左的水平打擊結束組合。

◆ 與夥伴訓練

S 形打擊組合的運用要從中距離開始。用空手控制對手持武器的手，並同時瞄準對手的左太陽穴打出過頭的水平快抽。

利用反作用力轉換成第二下迅速的快抽，目標是對手的右太陽穴。

現在你已成功將對手的注意力轉移到上方。

突然改變打擊平面，並轉髖發力用基本打擊 3 全力掃過對手腹部。

T 字組合

　　直升機打擊是有效的攻擊方式，但總有時候需要暫時撤退來重整局面，而且也不宜在近距離逗留太久。由於短棍術對體力的要求很高，如果需要多輪戰鬥，就必須控制好自己的節奏。你可以暫時撤退到對手的攻擊範圍之外，以避免筋疲力盡。使用 T 字組合就是讓你撤退的絕佳套路。

　　一個好的策略是拉近距離並在距離內施展密集攻勢，然後迅速以斜角度退開，避免被對手擊中。在距離外迷惑對手並喘口氣，然後再拉近距離進行下一輪中距離打擊組合。這種改變距離的方式，會讓對手摸不著頭緒。

◆ 自主訓練

揮出從右到左的過頭水平反手快抽打擊。

手腕轉動 360 度,揮出從左到右的第二下快抽打擊。

最後用基本打擊 7 垂直向下打擊。

◆ 與夥伴訓練

T 字打擊組合從中距離開始，首先瞄準左太陽穴揮出水平快抽打擊。

利用反作用力快速回彈，往頭部另一側太陽穴進行第二下快抽打擊。

出奇不意握住對手的短棍向後跳，將短棍從他手裡抽出，同時用基本打擊 7 垂直向下攻擊對手做為撤退的掩護手段。

敲擊頭骨雖然會引起疼痛，但通常不會造成重大傷害，因為頭骨的主要功能是保護大腦，避免其受到損傷。然而，如果頭頂受到重擊，則可能導致腦震盪。這種情況是由於大腦在腦脊液中劇烈撞擊到顱內壁所致。腦震盪可能會導致血管破裂，隨後瘀血增多引發一系列神經代謝反應，進而導致頭暈、意識模糊，甚至失去意識等症狀。若頭骨裂開，碎片可能刺入大腦組織，造成更嚴重的腦部損傷。

U 形套路

　U 形套路是另一個有效的打擊組合。這個組合的要旨是朝高位、低位及身體兩側進行快速連擊。目標是兩側太陽穴（神經系統）與上腹區，尤其是橫膈膜（呼吸系統）。兩個不同平面與角度的快速轉換，使得這個打擊組合非常難以防禦。

◆ 自主訓練

首先揮出高位快抽打擊。

流暢轉換成基本打擊 3 從右到左的水平方向全力打擊。

改變方向，往反方向揮出高位反手快抽打擊。

流暢轉換成另一下全力打擊，這次從左到右。重複此套路，從另一次高位快抽打擊開始。

◆ **與夥伴訓練**

首先瞄準對手頭部揮出高位快抽打擊。

利用打擊的反作用力流暢地轉換成基本打擊3 從右到左的水平方向全力打擊。

轉換成高位反手快抽以打擊對手頭部另一側。

再次利用頭部攻擊的反作用力流暢地轉換成另一下全力打擊，這次從左到右劃過對手腹部。重複此套路，從另一次高位快抽打擊開始。

W 形套路

　　W 形套路是 U 形套路加上些微變化，但打擊次數變為兩倍，因此稱為 W 形套路 (W 音同 double-U)。原先的 W 形套路只有六下打擊，而這幾年來我稍微做了修改，在右圖 4 與 8 的位置加入了兩下低位打擊。

　　首先，瞄準對手頭部左側揮出兩下高位反手快抽打擊(下圖的 1、2)。利用第二擊的反作用力將打擊流暢轉換為基本打擊 3 從右到左的水平全力打擊，劃過對手腹部(下圖 3)。棍尖一離開對手的軀幹，就馬上調頭，用基本打擊 4 快抽攻擊他的身體另一側(下圖 4)。由於這樣會吸引對手注意腹部，就接著瞄準對手的頭部另一側揮出兩下高位反手快抽打擊(下圖 5、6)。

　再次利用第二擊的反作用力將打擊流暢轉換為另一下全力打擊,這次從左到右劃過對手腹部(下圖 7),接著馬上往反方向打擊對手另一側身體(下圖 8)。利用衝擊的反作用力將打擊轉換成另一下高位反手快抽打擊,回到套路的開始(前頁圖 1、2)。

訓練器材：重量棒

　　沖繩空手道大師們的傳統訓練器材是在木柄上裝上沉重的石頭，稱為「肌力石 (chi ishi)」，是用木柄和重石組成。印度摔角手使用的重量棒「gada」，主要用來增強全身肌力，且使用的歷史相當悠久。古代波斯人使用稱為「meels」的大型木棒。二十世紀初，格斯・希爾 (Gus Hill) 這位美國雜耍大力士，經常邀請比他身材高壯的觀眾挑戰他的紀錄，間接讓更多人認識了印度木棒。雖然重量棒不屬於常規訓練器材，但仍然流行於世界各地的武術學校中，特別是短棍術與劍術學習者。

　　短棍術用到重量棒可以選擇輕重量的棒鈴（ 編註: 在臺灣的購物網站可買到)，當然你也可以自己製作。只需要一根短棍、一個湯罐以及少量快乾混凝土。若需要棒鈴的藍圖與更詳細的製作說明，請參考本書結尾的附錄。

　　棒鈴能夠為手指、手腕、手臂、肩膀以及其他相關肌群，提供良好的暖身和針對性訓練。若使用正確，棒鈴還能增加肩部的柔軟度和活動範圍，你可以選擇單獨使用一個棒鈴或者一對棒鈴進行訓練。鑑於棒鈴可做的動作很多，我建議可觀看網路的教學影片，有助於理解棒鈴的常見及安全使用方法。然而，由於訓練的重點是提升棍術的力量和速度，因此在練習時應從慢速開始，並逐步練習各種格鬥技巧，例如繞 8 字的動作變化、九種基本打擊技巧、花式六擊，以及 S 形、T 字、U 形和 W 形等各種打擊組合。

　　自製棒鈴既簡單又省成本。你需要的材料包括乾淨的空罐和可用作把手的短棍。在把手一端安裝螺絲或釘子以增強固定效果，然後將這一端插入罐中。使用快乾混凝土填充罐子，同時確保混凝土凝固前把手保持直立。建議可製作一對棒鈴，以便進行雙手訓練。隨著訓練水準的提升，可以選用更大的罐子或更長的把手來製作更重的棒鈴，以適應不斷增長的訓練需求。

　　進行負重的彈震式訓練時，由於會對肌肉造成負擔，因此一開始應該降低速度，小心謹慎地進行，並控制力道。建議先從輕重量開始訓練，然後逐步增加重量。由於棒鈴的末端較重，握住的位置距離負重端越遠，操控棒鈴的難度也就越大。為了簡化動作，可以將握把位置向上調，使手部更靠近負重端。當充分暖身且準備增加重量後，再逐漸將握把位置下調。

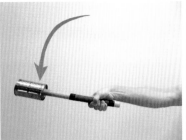

一開始做手腕屈伸。

　在使用棒鈴練習時，應保持雙腳與肩同寬，形成穩固的站姿。收緊核心肌群，並保持肩膀向後下壓，以確保整體姿勢穩定。握棒鈴時手要牢固但不過緊，手腕應保持放鬆但不鬆弛。原則是：在快速執行任何動作前，先確保動作的正確性；將動作做到完美，然後再逐漸加快速度。

手持棒鈴進行簡單的繞 8 字。

中距離作戰計畫

接下來，看看如何將各種中距離攻防策略與戰術結合，以制定有效的整體作戰計畫。

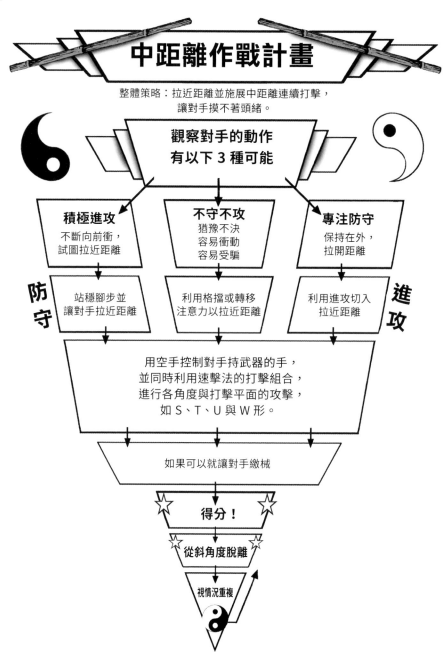

階段四　訓練課表

目標：這份 60-90 分鐘的訓練課表，能幫助你學會中距離進攻作戰技巧。

1. **暖身**：15-20 分鐘。首先從低強度伸展開始，伸展的內容範例可參考本書前面。完成伸展後，進行 5-10 分鐘的跳繩。接著再做低強度伸展，讓心率回到正常。下一步是用短棍練習基本打擊組合，包括 S 形、T 字、U 形和 W 形打擊組合。要記得，此時還是暖身階段，所以速度不需要太快，花時間熟練技巧。

2. **中距離作戰計畫**：15-25 分鐘。站在訓練夥伴的有效打擊距離之外，練習用不同戰術進攻切入與防守切入（見階段三）。每次成功切入時，在中距離用不同的打擊組合進行反擊，接著讓對手繳械或從斜角度脫離。

   再次強調，要忍住開始對打的衝動，速度要放慢且力道要控制。所有的動作都以半速練習，並利用這段時間觀察、感受、銜接短棍的技巧。熟練後動作自然而然就會加快，也不會看起來左支右絀。雖然你和夥伴都有放慢速度與控制力道，但還是建議穿戴護具，戴上手套與頭盔就夠了。如果沒有訓練夥伴，就用輪胎假人或沙袋練習，假裝它是真的對手，並在練習時想像對方的反應。

3. **沙袋訓練**：15-20 分鐘。你必須能夠打出快速又具破壞力的打擊組合。要記住！由於你不能真正以全力打擊夥伴，因此一定要經常對著輪胎假人或沙袋練習。S 形、T 字、U 形和 W 形打擊組合都要在沙袋上練習，且每種練習時間各需至少一分鐘。最後一回合將所有技巧融合在一起連貫使出，作為完美收尾。

   打沙袋所產生的力道會讓短棍與手摩擦，小心別起水泡了！一旦感覺到有水泡開始形成，就該停下訓練等手部復原。如果執意繼續而使水泡破裂，復原所花的時間就會更長，也會對你的訓練造成更大影響。

4. **肌力訓練**：10-15 分鐘。拿起棒鈴並練習暖身時做過的相同基本動作 (繞 8 字、花式過渡以及打擊組合)，動作要緩慢且力道要小心控制。一開始都要先握住把手靠近負重的位置。當你認為自己可以更進一步時，再慢慢將手的位置下移以增加阻力。

5. **緩和**：5-10 分鐘。花幾分鐘讓身體從戰鬥狀態回復放鬆休息狀態。這時適合做靜態伸展，提高身體的柔軟度並代謝肌肉中堆積的乳酸。

追蹤記錄：別忘了在訓練日誌記錄各個訓練的內容。透過設定新目標，不斷突破提升，並利用所設定的目標激勵自己，讓訓練既有趣又具挑戰性。

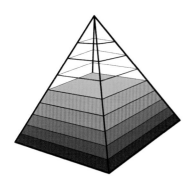

階段五
中距離防守

控制

　　用未持武器的那隻空手去控制對手持武器的手腕或前臂，以阻斷對手的攻擊路線或減弱其攻擊力，是中距離作戰的重要技巧之一，通常伴隨你的攻擊動作進行，以達到同時攻防的目的。這種控制動作與詠春等功夫中的黏手(或稱黐手)訓練極為相似，其概念就是緊貼對手持武器的手，以弱化或抵消他的攻勢。要達到這個目的有許多做法，包括控制、撥、持、黏、鎖、掬、推、壓、拉和掃。無論選擇使用的動作為何，都需要與對手持武器的手接觸：

[編註]：以下補充解釋：

● 控制：用於限制對手動作或影響其平衡的技巧，如封手或牽制。
● 撥：用手部動作撥擋對手的攻擊，常見於防禦對方腕部或武器時使用。
● 持：抓持對手的某部分，如手臂、腿或衣服，以限制其動作或控制其身體。
● 黏：與對手持續保持身體接觸，來感受和控制對方的動作。
● 鎖：透過固定或扭曲對手的關節來控制或制服對手。
● 掬：抓取或攫取對手的身體部位，用來控制或引導對手。
● 推：利用力量推動對手，使其失衡或創造攻擊與防守的空間。
● 壓：透過持續的壓力來限制對手的行動，或強迫對手移動到不利的位置。
● 拉：拉動對手以破壞其平衡，或將其拉入你的攻擊範圍。
● 掃：用腳或其他方式將對手的腳掃出，使其跌倒。

練習黏手控制時會遇到的一些不同姿勢。

　　黏手控制訓練旨在練習如何有效利用空手進行對抗。在這種訓練中,你和訓練夥伴正面對峙,並輕輕碰觸對方的慣用手。當對手緩緩向你發起攻擊時,持續保持接觸,並用不發力卻又牢牢黏住一樣的控制,改變他的打擊方向。重點應放在控制對方的手掌而非僅是手腕或前臂,因為這樣通常能實現更高效的控制效果。然而,在某些情況下,控制或操縱的焦點可能需要延伸至整個手臂,以便達到戰術上的優勢。

格擋與撥擋

　　雖然閃躲是避免被對手武器打中最好的方法，但並不是每次都能避開。格擋是阻礙或停止對手武器前進動量的防守戰術。另外，撥擋則是在不使對手短棍停住的情況下，改變其行進方向。

　　要在實戰中有效運用格擋與撥擋技巧，就必須深入學習與苦練。學習過程包括原地格擋、阻擋以及動態格擋等階段，其目的是讓你熟悉並有能力格擋對手的武器。

原地格擋

　　原地格擋是身處對手打擊範圍內時的關鍵防守技巧。當對手朝你揮棍時，你的身體會本能產生閃避和防守的反射動作。在短棍格鬥中，學會控制這種本能的退縮反應是保持冷靜的第一步。雖然移動通常是比較好的選擇，但原地格擋的精髓在於利用最小的腳步移動來「吃下打擊」，同時待在對手的攻擊範圍內。這個概念是：對自己的格擋有絕對自信，即使對手朝你揮棍，也能不為所動地保持內心平靜。這能讓你清楚讀取對手的意圖，並抓準適當時機反擊。

　　持續練習原地格擋，直到你能在對手朝你揮棍時仍能保持冷靜觀察。注意對手顯露從哪一側進攻的前置動作，以及他所瞄準的打擊平面。例如，若對手一開始採取封閉姿勢，你就知道他正為反手打擊蓄力，若對手舉起手臂並暴露身體，通常表示他要進行前手打擊。其它線索，包括武器所在的平面或對手的目光焦點，皆可讓你得知他想要打擊的平面與方向。利用這些資訊可預先在對手命中之前設置格擋。在成功格擋後，可以適時加入反擊，但要確保格擋戰術優先執行。

　　當你可以原地站穩格擋而不退縮，就可以再加入適當的步法。如果對手蓄力準備前手打擊，就可以用右腳繞到他的左側。如果對手蓄力準備後手打擊，就用左腳改變角度到你的左側。改變角度接近對手時，要讓自己的中線與攻擊線重疊，才能同時用武器與空手消除對手攻勢。如果可以的話，用空手轉開對手的中心，讓他難以立刻再次對你發起攻擊。

對付前手打擊（基本打擊 1）的高位格擋。

對付反手打擊（基本打擊 2）的高位格擋。

對付中位前手打擊（基本打擊 3）的中位格擋。

對付中位反手打擊（基本打擊 4）的中位格擋。

對付低位前手打擊的低位格擋。

對付低位反手打擊的低位格擋。

以上六種格擋技巧，可以覆蓋左右兩側從頭到腳的全身防守。

　　一開始與對手的短棍接觸時，要用手格擋手、用棍格擋棍。使用你的短棍中段以垂直角度截擊對手的短棍，吸收其打擊能量並停下他的棍子。這樣做會有最大的格擋表面，有更大的機會成功擋下攻擊。記得格擋要保持動作幅度小，避免不必要的動作。如果對手攻擊時，你的棍尖朝上，就保持棍尖朝上格擋，反之亦然。如果刻意在格擋途中將棍尖朝上轉換成棍尖朝下的姿勢，反而會露出短暫的空檔無法執行格擋。

　　在格擋對手短棍的同時，用空手控制他持武器的手。如果手臂太緊繃就很難控制對手的武器，因此用來控制的手必須保持放鬆，並依對手的動作隨機應變。不要抓住對手的手腕，而要黏在他的手掌，用亦剛亦柔的動作控制他的武器，避免他找到明確的攻擊路線。

　　練習時，訓練夥伴朝你揮棍的速度應該要有 80% 機會能讓你成功擋下，學習效果才會最好。如果成功率不及 80%，你會容易失去信心，學習速度也會慢下來。反之，如果成功率超過 80%，會因為沒有受到足夠挑戰而學得不夠。因此你的夥伴應該想辦法調整攻勢，讓你平均每五次只被擊中一次，這樣就能促使你繼續進步。自主練習時，站在鏡子前觀察自己的動作，並讓姿勢臻於完美。

　　你可以和夥伴輪流打擊和格擋。先練習高位打擊與高位格擋，接著練習中位打擊與中位格擋，最後練習低位打擊與低位格擋，完成後再從頭來過。一位進行打

擊，另一位進行格擋後朝同一平面反擊，如此一來，兩人就都有練到進攻和防守。然後增加簡單的動作，比如說打擊與格擋時加上繞圈的步法。再透過改變格擋順序，練習格擋的變化動作。提醒！永遠要記得用空手控制對手持武器的手。

基本格擋練習：高位 (圖 1、2)、中位 (圖 3、4) 以及低位 (圖 5、6)。

不斷練習基本格擋，直到能冷靜觀察對手的動作，並快速辨別他將從哪一側發動攻擊以及攻擊的平面。只要站穩腳步，不因對手的揮擊而亂了方寸，你的移動就會更有力量且更有自信。接下來，就可以練習阻擋與動態格擋。

阻擋

阻擋的方法與基本原地格擋練習相同，但要往對手推進一步。透過向前移動，在對手打擊到達最大速度前的加速區阻擋。盡可能利用格擋打擊對手的手 (而不是他的武器)，同時以空手控制對手的手臂或攻擊他的臉部。

基本阻擋練習：高位（圖 1、2）、中位（圖 3、4）以及低位（圖 5、6）。注意這種格擋的目標是對手的手掌而不是他的短棍。

動態格擋

　　理想情況下，應盡可能避免硬接對手打擊的力量。動態格擋運用繞圈步法移動到對手的減速區，以躲避對手的攻擊，因為對手的打擊在減速區的速度會下降。短棍的自由端（未被握持的一端）利用「脈衝打擊」（即迅速且集中力量的強力打擊）以阻斷或偏轉對手的攻擊動作，能夠在不直接與對手硬碰硬的情況下控制局面，並為後續的打擊創造機會。你的空手應迅速接觸並牢牢控制對手的慣用手，從而主導戰鬥的走向，接著馬上以一連串打擊組合結束戰鬥。

　　動態格擋與接下來要介紹的撥擋十分相似，相同之處在於並不直接扛下對手的短棍，而是在對手打擊動量持續的情況下截擊，使其偏離原先的攻擊路線。不同之處在於，格擋時你的短棍位於對手武器的前方，但撥擋時你的短棍從側面或後方改變對手武器的方向。

　　用以拉近距離的過頭格擋其實介於格擋與撥擋之間。有時對手的短棍與你的短棍接觸時呈現垂直的角度，如此一來對手的攻勢會幾乎完全停住。如果對手的短棍與你的短棍接觸時角度較大，一般會往側邊彈開。由於對手的武器並沒有停下來，你所採取的技巧就是撥擋而不是標準的格擋。

動態格擋：對手蓄力打擊時，就要準備移開。

移開時格擋對手的打擊，但由於你移動到中
距離外，此時不需要控制他的手。

對手用武器撥開你的短棍時，立刻對他的頭
部進行反擊。

撥擋

撥擋是在不停止對手武器的情況下改變其方向，這在防禦對手施展刺擊時尤其
有效。然而，如果你的棍尖處於低位，上半身會露出破綻，當對手發起刺擊時，
你本能會想由下往上撥擋，這就有可能把原本刺向腹部的刺擊，撥擋到自己臉上
了，反而更糟。因此，往兩側撥擋是更安全的選擇，可以用最小的動作將瞄準身
體的刺擊撥離身體（因為身體的寬度要比高度小很多，左右撥要比上下撥來得
好）。以左右兩側來比較，往右側撥擋更為安全，因為面對右撇子對手時，可以
讓對手的空手沒辦法控制你持棍的手。

反手撥擋：從封閉式防禦姿勢開始。

對手右上往下揮棍時，稍微向後傾並截擊他的打擊。

搶占先機接觸打擊，改變他打擊的方向。

撥擋的動作不用太大，只要使手偏離原本目標即可停下。

利用對手處於不利位置時，沿著對手暴露的攻擊線將棍子調頭。

用棍尖打擊他的臉部以完成打擊組合。

三三擋打

這項訓練是本章介紹格擋技巧中層次最高的動作。這是 eskrima 訓練的其中一個版本(實際上有很多版本)，三三(tres-tres)的名稱由來是左右側各有三個動作，據說是從西班牙劍術的訓練動作改編而來。三三擋打顧名思義，包含三下格擋與緊接著三下非常有效的反擊。三三擋打的運用方法非常多種，以下版本適合中距離作戰。

如同前面一樣，你的空手應該隨時接觸並控制對手持武器的手。如果在格擋同時以空手進行鉤、抓、纏或阻礙對手格擋動作等技巧，即使只有一瞬間，對手也很難防禦。因此，雖然三三擋打訓練包含了反覆多下的格擋與打擊，但遇到實戰情況下，有可能僅包含一下格擋和一下反擊，也或者可能有多下反擊。

此外，三三擋打訓練還能幫助你提升步法與身體動作。首先站在雙方能觸及對手的最大距離。當你防守時，應向後切換為貓足架式格擋，再向前突進反擊。要永遠記得用前腳掌發力而不是腳跟。再用力收縮大腿內收肌，將前腳拉回穩定的貓足架式。這些動作連續轉換時要保持流暢，透過不斷練習，速度和時機的掌握就會進步。

採取貓足架式執行從右到左的低位格擋。持棍的方法是垂直持棍，大拇指朝下、掌心朝外(朝向對手)，彷彿要擋下朝你右腳(前腳)而來的打擊。同時以空手追蹤對手持武器的手，左臂置於右臂下方、大拇指朝下(圖1)。

向前踏步形成右側弓步架式，同時順時針轉動手中短棍打擊對手的前側肩膀，一定要用手腕轉動，而非手肘。你的空手要置於胸口中心採取防禦姿勢(圖2)。

　　縮回右腳形成右側貓足架式，同時將短棍舉過頭頂、棍尖稍微朝下使出高位罩式格擋。與此同時，以空手控制對手持武器的手(圖3)。

　　向前踏步形成右側弓步架式，並打出從右到左的低位基本打擊1，瞄準對手的前腳膝蓋，注意打擊不需要貫穿。一旦感到攻擊被對手成功格擋，就立刻停止。你的空手應置於胸口中心採取防禦姿勢(圖4)。

用前腳的腳掌發力並收縮內收肌，以將右腳拉回右側貓足架式，同時將手中短棍舉過右側(前側)肩膀上方，棍尖稍微朝下，使出中位側翼格擋。與此同時，以空手控制對手的慣用手(圖5)。

向前踏步形成右側弓步架式，並以基本打擊7由上而下垂直打擊對手頭部。你的空手應置於胸口中心採取防禦姿勢(圖6)。

現在你已完成一遍三三擋打的分解動作，請從頭開始再重複一遍。這個套路是重複低位、中位、高位以及攻、防、攻的技巧。不斷練習可讓你打出高次數的打擊與格擋，也會提升躍進躍出步法的速度。隨著技巧熟練，就可以加入如繞圈等不同的步法，也可以嘗試改變打擊距離，從近距離流暢轉換至中遠距離並回到原本位置。最終的目標是能在實戰中有效運用格擋與反擊的技巧。

白衣：以基本打擊 1 低位斜向打擊，攻擊紅
　　　衣前腳膝蓋內側。

紅衣：以指頭發力，進行從右到左的反向格
　　　擋來防守。

紅衣：以垂直向下的快抽打擊，中位攻擊白
　　　衣右肩。

白衣：縮回短棍反向格擋右肩上的攻擊，一
　　　般這個技巧稱為側翼格擋。

白衣：以基本打擊 7 垂直向下，高位攻擊紅
　　　衣頭部。

紅衣：以罩式格擋抵擋高位攻擊，短棍的棍
　　　尖舉過左肩上方。白衣與紅衣互換角
　　　色並重複練習。

紅衣：以基本打擊 1 低位斜向打擊，攻擊白
　　　衣前腳膝蓋內側。

白衣：以從右到左的反向格擋進行低位防守，
　　　掌心朝外。

白衣：以垂直向下的快抽打擊，中位攻擊紅
衣右肩。

紅衣：縮回短棍以右邊側翼格擋防禦。

紅衣：以基本打擊 7 垂直向下，高位攻擊白
衣頭部。

白衣：以罩式格擋抵擋高位攻擊，短棍的棍
尖舉過左肩上方。互換角色並重複練
習。

中距離繳械

　　中距離繳械與遠距離繳械不同之處在於：中距離可以用空手抓住對手持武器的
手，機會在於格擋完的一刻，因為此時對手的武器尚未收回。理論上要奪取對手
武器，只需要克服他的手與短棍之間的磨擦係數即可，但實際上需要精準的時機
掌握，以及對繳械的基本理解才能成功執行。

槓桿式繳械

　　只要能觸及對手持武器手的控制動作，都可以發起槓桿式繳械。在這個姿勢
下，緊握對手的短棍，猛力將棍子沿著對手手背向下扭轉。這個單手繳械動作，
可將短棍從對手緊握的手中抽出，原因是拇指與食指間的虎口是手掌最弱的地
方，很容易被撬開。

◆ 打擊輔助的槓桿式繳械

用罩式格擋應付對手朝你頭部打出的基本打擊 1。

快速抓住對手的短棍並扭轉，使棍尖朝向地面。抓的位置愈靠近對手的手掌，控制效果就愈好。

槓桿式繳械可輔以棍尖或棍尾打擊對手的慣用手，迫使對手鬆手。

如此一來就更容易扭轉對手的手腕，逼他鬆開手中的短棍。

148

◆ 揮拳輔助的槓桿式繳械

以棍尖向上的格擋,擋下對手水平打來的基本打擊 4。

以空手緊握對手短棍,同時以持武器手的指關節頂住對手武器手的手背(做為支點),將對手的棍子朝身體外側逆時針方向扭轉。手部放大圖見下頁圖 2a。

用自己的持棍手向對手的武器手手背揮出一拳,幫助執行槓桿式繳械。手部放大圖見下頁圖 3a。

如此一來,就可以扭轉對手手腕,逼他鬆開手中的短棍。手部放大圖見下頁圖 4a。

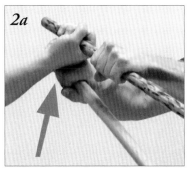
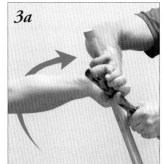

鉤式繳械

鉤式繳械利用棍尾將對手武器從他手中撬開，從而使其繳械。

格擋並抓住對手的短棍。

持棍手舉高並用棍尾撞擊對手的手腕並鉤住（訓練時要小心不要傷到夥伴的手腕）。衝擊的力道有助於瓦解對手利用肌肉力量進行抵抗的防禦能力，從而增加使對手繳械的成功率。

同時以反手水平方向的基本打擊 4，用棍尖
攻擊對手頭部。

順勢扭轉身體完成繳械。

如果此次繳械並未成功，而你的空手也仍然抓著對方的持棍手，那就繼續抓
住，使他無法使用短棍。然後用你的短棍持續打他，並把握機會再次嘗試讓他繳
械。

蛇式繳械

蛇式的別稱是藤蔓式，方法是用手臂纏住對手手臂，再猛烈扭轉使其鬆手。

從控制對手的姿勢開始。雙方都用空手擋住
對手的武器手。

空手流暢移動到對手的武器手上方。

接著流暢移動到他的手臂下方。

完成手臂的纏繞後,他的短棍理應已被困在你的腋下。不要將他的手臂夾在自己身上,而應將他的手卡在你的臂彎,讓他的短棍貼在你的身側。

手臂持續夾住使對手的短棍貼在身側,猛然朝外側扭轉身體。

將短棍從他手中撬出。

　　2015 年,我前往紐約參加「十二對(Doce Pares,或稱多塞派爾)世界錦標賽」。在一場激烈的對抗中,我嘗試執行蛇式繳械。然而,由於防護衣的笨重和場面的混亂,當我繞過對手的手臂時,並未察覺已將他的手緊緊夾在我的身側。我一個猛退並急速扭轉,本意是奪走對方的棍子,結果卻意外將他整個人摔過擂台!對此,我感到慶幸的是,對手在全副武裝下,仍然能做出漂亮的肩膀翻滾並

迅速站起。然而，裁判對此表示不滿，因摔技違反了比賽規則，結果我受到了嚴厲的警告。儘管如此，我還是欣喜地贏得那場比賽。

彈擊繳械

彈擊繳械是利用猛烈的力量將對手的短棍擊落。用空手抓住對手的短棍，並接著打擊他的手臂，使他鬆開手中短棍。反之，你也可以握緊對手的手臂並對短棍使出彈擊繳械，一樣可以將短棍敲落。

雙方都在控制彼此的持棍手。

用空手緊握對手的短棍。同時將棍子轉向身體對側。

右手前臂猛然由下而上攻擊他的手臂，使其棍子從手中彈出。

階段五　訓練課表

目標：這份 60-90 分鐘的訓練課表，是為了熟練中距離防守技巧，包含控制、格擋和繳械。

1. **暖身**：15-20 分鐘。首先從低強度伸展開始，伸展的內容範例可參考本書前面。完成伸展後，進行 5-10 分鐘跳繩。接著再做低強度伸展，讓心率回到正常。下一步是用短棍練習基本打擊組合。要記得，此時還是暖身階段，所以速度不需要太快，花時間熟練技巧。

2. **接觸練習**：10-15 分鐘。站在中距離與夥伴面對面，彼此用空手觸碰對方持武器的手。從各角度與平面緩緩打擊，同時控制夥伴的短棍以避免他出擊。與此同時，你的夥伴也對你做同樣的事。請記得！這不是對打訓練，而是靈敏度訓練，因此要注意兩人都要持續慢慢移動，每下打擊的力道都要控制在很小甚至不出力。

3. **繳械練習**：10-15 分鐘。練習用槓桿式、鉤式、蛇式和彈擊等繳械技巧使搭檔繳械。

4. **擋打練習**：10-15 分鐘。練習原地格擋並與夥伴輪流進行打擊與格擋。這樣的練習可讓身心活動起來，適應有人朝你揮棍的實際情境。

5. **三三擋打練習**：10-15 分鐘。練習動態的三三擋打，提升步法與架式的運用。

6. **緩和**：5-10 分鐘。花幾分鐘讓身體從戰鬥狀態回復放鬆休息狀態。這時適合進行靜態伸展，提升身體的柔軟度並代謝肌肉中堆積的乳酸。

自主訓練：如果你沒有訓練夥伴，也可以自行訓練！當然，有些練習方法就需要做些調整。你可以進行對空揮棍，或者用裝上短棍的輪胎假人練習。

追蹤記錄：別忘了在訓練日誌記錄各個訓練的內容。透過設定新目標，不斷突破提升，並利用設定的目標激勵自己，讓訓練既有趣又具挑戰性。

MEMO

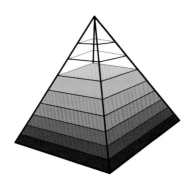

階段六
近距離戰鬥

近戰不需執著於使用的武器

遠距離是指你能用棍尖碰到對手的距離,中距離是指伸出短棍可觸及對手身體的距離,而近距離則是指能用棍尾碰到對手身體的距離。當處於觸手可及的近戰中,就需要運用一些特定的戰術。

在近距離戰鬥中,不需要執著於短棍,任何比短棍更方便的工具都可派上用場,例如與生俱來的拳頭。如果你曾接受過搏擊訓練,拳頭的威力必然不在話下。除了拳頭之外,手肘、膝蓋、腳,甚至是頭部都可以做為有效的武器。

清除障礙並出拳:白衣正在控制紅衣的持棍手。

紅衣用棍尾鉤住對方手腕。

將白衣的手朝下、朝後拉，以清出攻擊線。

持棍手直接向前出拳，例如拳擊的後手直拳或空手道的逆擊（反拳）。

棍尾打擊

棍尾打擊是利用短棍握距較短的一端進行攻擊，非常適合近距離戰鬥，尤其是僅有一手拿武器的時候。用棍尾打擊是很自然的動作，如同用鎚子敲打一樣，將前臂充當鎚柄。由於棍尾的打擊面小且集中，可產生強大的打擊力道。

近距離戰鬥時，動作通常會被有限的空間束縛，使你難以產生速度與力量。雖然你可以用棍尾進行全力打擊，但威力會不如預期；若用棍尖以弧形軌跡進行快抽打擊，但如果距離對手太近，操控棍子和精準度就會變得困難；若用棍尖刺擊，就需要抽回手使棍尖對準目標，但在這個過程中就有可能被對手趁隙攻擊。這些打擊方法最好用於中距離戰鬥。

要在近戰中發揮威力，你可在棍尾打擊之後加上棍尖打擊以增加攻擊效果。第一下棍尾打擊通常會彈回來，讓你有足夠的空間銜接短棍中段或棍尖的打擊。

棍尾打擊接上棍尖打擊：白衣正在控制紅衣的持棍手。

紅衣持棍手用棍尾朝內側鉤住白衣的空手，並將其空手猛力下拉以打開攻擊線。

紅衣用棍尾直接朝前打擊對手脖子和下巴區域。

接著用棍尖揮擊對手頸窩的破綻。

Hubud

　　Hubud 是一種多功能的靈敏度訓練，可以加強近戰的控制和撥擋。Hubud 的念法是「胡布德」，是菲律賓語「hubud-lubud」的縮寫，意思為「綑－解綑」或「纏－解纏」。此訓練教導如何截擊迎面而來的攻擊並轉移其方向，且持續接觸對手，讓你可以身處有利的位置並同時控制他的行動。

　基本訓練要與夥伴一起進行，此訓練由四個動作組成，並可交替重複執行。訓練一開始，攻擊方先在近距離以高位基本打擊 3 正手水平方向攻擊防守方的頸部，防守方則利用格擋或撥擋的技巧，使對手的短棍打擊方向偏到對側 (圖 3)。一旦攻擊方的短棍越過防守方的身體中線，防守方的空手就控制攻擊方的武器手 (圖 4)。然後，雙方攻守角色互換。以下示範的八張動作分解圖，是由四個動作組成，前四張圖的白衣為攻擊方，後四張圖轉換成紅衣為攻擊方，這個過程可不斷重複，直到訓練結束為止。

　運用相同的概念，可以對付來自不同角度的棍尾打擊，包括水平正手打擊 (即此處所示範)、垂直打擊、水平反手打擊和直拳攻擊。此訓練也有低位的版本。

雙方面對彼此。白衣準備發起高位攻擊，並以空手控制紅衣的持棍手臂，紅衣轉身準備控制白衣的持棍手。

白衣使出高位水平方向的棍尾打擊；紅衣朝著攻來的方向格擋，手肘保持下沉。

紅衣在不硬扛對手攻擊的情況下，用持棍手
進行過頭撥擋，同時將肩膀轉正。

紅衣接著在身體順勢轉向右側時，用空手控
制白衣持棍的手臂。

紅衣進行高位水平棍尾打擊（此時攻守互換，
連續進行）。白衣從格擋開始，重複先前紅衣
的四個動作順序。

換白衣以持棍手進行過頭撥擋來自紅衣的棍
尾打擊。

白衣接著控制紅衣的手臂。

再換白衣開始新的一輪訓練。

A 形框架鎖

　　Hubud 訓練是練習各種打擊、限制、扣鎖和繳械的基本框架。其中，A 形框架鎖是一種簡單的技術，可以用來困住對手的慣用手臂 (即持棍手)。練習時需注意不要用力過猛，否則很容易傷到夥伴的肩膀。

A 形框架鎖是一種臂鎖，可以在 hubud 的第一個動作，也就是對手用棍尾使出斜向基本打擊 1 時使用。白衣進行棍尾打擊，紅衣的空手準備控制，持棍手則在低位反手。

紅衣用高位格擋擋住白衣的攻擊，同時持棍手由白衣手臂後方抬起。

紅衣持續將短棍高舉。雙手卡住白衣的手臂。

紅衣接著用空手抓住持棍手，形成臂鎖。

紅衣以槓桿原理將白衣的手臂向下與向後撬，並與其手肘保持 90 度角以獲得最大效果。

將對手的手臂向後撬時，還可以用短棍打擊他的臉部。用力轉動對手手臂可造成他的旋轉肌袖受傷或使其摔倒。

手臂壓制

　　A 形框架鎖是搶在第一時間格擋對手的揮擊，而手臂壓制則是在你進行過頭格擋後，將對手的手臂鎖住。拉扯對手的手腕使其手臂伸直，然後用手肘壓住他的手肘背面。

紅衣用 hubud 的前兩個動作，撥擋對手的棍尾打擊。

紅衣用棍尾鉤住對手的手腕，拉向自己的右側，同時左手（空手）協助去抓住對手的手腕，使其無法抽手。

紅衣將左手肘施力壓在對手被拉直的手肘背面，使其維持打直狀態。

鉤住對手的棍子，然後猛地向後拉，使其短棍掉落。

摔技

Hubud 也提供將對手摔倒在地的機會，這可以透過掃踢、臀拋或此處介紹的壓頸來做到。

壓頸摔：白衣在近距離發動攻擊。

紅衣用 hubud 前兩個動作撥擋白衣的攻擊。

紅衣用空手抓住自己短棍的前端。

用短棍中段用力壓住對手的頸窩，並伸腿阻擋。

白衣面對壓頸時會做出防禦反應，因為平衡與姿勢已被破壞，讓紅衣有機會將他推或打倒在地。

在進一步攻擊前，用空手控制對手雙腿，以免遭受踢擊。

鉤形鎖

在近距離時，你可以用短棍的尾端鉤住並碾壓對手的手臂，甚至是小腿。以下示範前臂鉤形鎖。

執行前臂鉤形鎖技巧時，要將持棍的位置向上移動，以增加棍尾的長度（見紅衣者的持棍位置）。

紅衣側身避開攻擊，同時用加長的棍尾鉤住對手的持棍手臂。

一旦鉤住對手的持棍手臂，就用空手快速從下方抓住短棍的底部，並將短棍用力壓向自己右前臂骨的骨脊上，將對手的手臂鎖在中

為了免於遭受對手的空手攻擊，在向扣鎖施加壓力時，低頭並轉身避開攻擊。

破壞對手的平衡與姿勢。

向左扭轉，將他帶到地面。

雙頭握法

雙頭握法在近距離時非常有效，因為能讓你用任一端進行棍尾打擊或鉤形鎖，同時還可以使用短棍中段進行攻擊。用雙頭握法戰鬥時，要以自然握法握住短棍兩端且手指緊緊包覆短棍。

橫桿推擋

在以粗暴聞名的冰上曲棍球比賽中，橫桿推擋的意思是：用雙手之間的球桿強行阻截對手的動作，且由於受傷風險很高，被列為違規動作，所以練習此技巧時務必注意安全。

紅衣雙手各握短棍一端。降低防禦位置並露出頭部，引誘對手打擊。

對手準備打擊時，向前踏步拉近距離，並同時用雙手大力推出橫桿，將短棍中段向前推過他的頭部。

格擋下滑

從中距離開始。紅衣故意露出頭部誘導對手攻擊頭部。

當白衣以基本打擊 7 由上而下垂直打向紅衣頭部時,紅衣立即用空手握住短棍的自由端進行格擋。

如果發現雙方距離有點遠,無法直接攻擊對方持棍手時,就持續壓住對方短棍,並沿其短棍滑下去,將短棍中段猛地推入他的持棍手。

接著,對白衣的臉部做棍尾打擊。

雙頭鉤形繳械

雙頭握法還可以用短棍的任一端，鉤住對手的短棍或手臂來進行繳械。

從中距離開始。紅衣用雙手握住短棍兩端，露出頭部誘導對手進攻。

白衣進攻時，紅衣舉棍朝前並朝上格擋以保護頭部。

紅衣接著以右手控制對手的短棍，並滑過對手的手腕。

紅衣右手向下掃，用棍尾鉤住對方持棍手，將他的棍子拉向自己並壓在身上。

右腳後撤一步，迅速扭轉身體，將力量集中到鉤住的部位以完成繳械。

橫桿推擋加上臂鎖

紅衣可以利用橫桿推擋，來格擋白衣從中距離發動的攻擊。

白衣攻擊時，紅衣用空手抓住自己短棍的自由端，並猛擊對手持棍手，意圖擊碎。

接著，對準白衣頭部進行棍尾打擊。

一邊鉤住白衣的手肘，一邊控制其短棍。

讓白衣的手肘呈直角，同時右手下壓以鎖住他的手臂。

將右手向下並向前猛擊白衣的棍尾，使其繳械。

雙腿收割

這個技巧是將對手帶到地面的絕佳方法。紅衣一開始在遠距離露出頭部,誘導對手攻擊頭部。

紅衣用過頭的罩式格擋拉近距離,免於被打到。

紅衣用空手將白衣的持棍手撥擋到右側,同時將短棍揮到白衣的膝蓋後方,同時身體往其手臂下方鑽入。

紅衣頭部閃向白衣的右臀,同時將棍尖卡在他後腿膝蓋處,並用空手抓住短棍的自由端。雙手將棍子向後並向上拉,肩膀則壓入白衣的腹部,將其摔倒在地。

在這個姿勢下,紅衣可用短棍將對手翻到腹部朝地。

用膝蓋壓住白衣的大腿,使其無法轉身,這樣就可以抽回短棍,並在必要時繼續攻擊。

鎖喉

鎖喉通常是剛好遇到適當的時機才使用，也就是說，不會在一開始就計劃使用鎖喉，而是在近戰過程中剛好出現適合施展的機會，因此也應將其納入學習中。

使用鎖喉時要非常小心。鎖喉需要將極大的力量集中到短棍末端或中段，用以擠壓對手的頸部，這很可能會壓碎對手的氣管，造成的喉嚨腫脹會進一步引起呼吸困難，導致嚴重受傷或死亡。

獠牙鎖喉

在近戰時，短棍的長端很容易被對手抓住，因此操縱短棍的短端比較容易實施鎖喉。用棍尾進行鎖喉的技巧通常被稱為獠牙鎖喉。

紅衣反手持棍放低，誘導對手進攻頭部。

對手揮出從右到左的打擊。

用 hubud 的前兩個動作，將攻擊撥擋到頭上方。

紅衣左手推白衣右肩，讓他繼續向左轉，同時將棍尾移向他的脖子。

移動到對手身後時，持棍手掌心向上，將棍尾壓入他的咽喉。

用左手輔助鎖喉動作。將對手牢牢固定在自己的身體和短棍之間，雙手用力向後拉。

交叉鎖喉

交叉鎖喉與獠牙鎖喉相似，區別在於獠牙鎖喉是將棍尾壓入對手咽喉，而交叉鎖喉則是用短棍中段壓迫對手頸部。此處需注意！如果對手的身材比自己高很多，就很難從其背後鎖喉。此時，可猛力踩踏他的膝窩降低其高度，就可以迅速將高個子對手扳倒。

獠牙鎖喉到交叉鎖喉（接續獠牙鎖喉的圖6）：白衣想推開紅衣的手，以減輕咽喉的壓力。

紅衣左手稍微鬆開，並立刻抓住短棍的自由端。

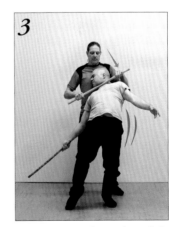

將手收到左肩處，用棍子中段壓在白衣的咽喉，同時雙手用力向後拉。

鉤頸鎖喉

鉤頸鎖喉是一種極為有效的鎖喉技巧，其產生的痛苦程度大到可以讓最強大的對手跪下。這是針對頸部兩側血管的鎖喉技巧，擠壓向大腦供血的頸動脈，從而使對手失去知覺。這種鎖喉技巧非常痛，因此在訓練過程中對夥伴使用時要非常小心。要特別注意只瞄準頸部兩側，若向頸部前方施加壓力可能會壓碎氣管。

紅衣持棍的位置往上移動以增加棍尾的長度，讓棍尾長度足以鉤住對手的頸部。

紅衣用過頭的罩式格擋擋下對手的攻擊，並用空手控制他的持棍手。

與此同時，將右手前臂壓入對手的頸側。

紅衣用空手快速從下面抓住短棍末端，並將短棍往自己右前臂的骨側上用力壓，將對手的頸部夾在中間。

身體向右扭轉，將對手帶到地面。

控制對手，並準備好在必要時進行反擊。

訓練器材：壓迫假肢

　　將前臂鉤形鎖、鉤頸鎖喉以及其它絞技用在夥伴身上會過於疼痛，因此不能出太大的力，點到為止即可。若想提升這些技巧的力量，就需要大小適中且適合施予絞技的訓練器材，以模擬頸部與肢體。

　　要練習前臂鎖，您可以將兩根加墊短棍黏在一起，以模仿前臂的兩根骨頭。讓夥伴揮動它來模仿手臂。用短棍延長的尾端鉤住手臂壓迫假肢並施加壓力，力量想要多大就多大。也可以扭轉身體，將假人從夥伴手中奪走。可以想像一下，如果對實際對手的手臂施加同等力量，會對他造成什麼影響。手臂壓迫假肢的設計圖請參閱本書最後的附錄。

手臂壓迫假肢。

前臂鉤形鎖：讓夥伴對你揮動手臂壓迫假肢。

鉤住即將到來的攻擊並擠壓。由於是假肢，因此你可以施加最大壓力。

扭轉身體，將假肢從夥伴手中奪走。

　　要練習鎖喉技巧，你可以製作更準確模擬頭部和頸部區域結構的假人。捲起的泡棉橡膠或舊毯子非常適合作為頸部。在頂部多纏繞一圈作為頭部，然後用膠帶包覆整個器材。頸部壓迫假人的設計圖也請參閱本書最後的附錄。

交叉鎖喉

鉤頸鎖喉

獠牙鎖喉

頸部壓迫假人

階段六　訓練課表

目標：這份 60-90 分鐘的訓練課表，用於訓練近距離作戰所需的技巧。

1. **暖身：**15-20 分鐘。首先從低強度伸展開始，伸展的內容範例可參考本書前面。完成伸展後，進行 5-10 分鐘的跳繩。接著再做低強度伸展，讓心率回復正常。下一步是用短棍練習基本動作。要記得，此時還是暖身階段，所以速度不需要太快，花時間熟練技巧。

2. **Hubud：**15-20 分鐘。在近距離戰鬥中訓練接觸的最好方法之一，就是與夥伴練習 hubud。請記住！hubud 本身只是一種模式，這項訓練的功能性取決於每個順序中運用的技術。練習本階段介紹的所有技巧，甚至可以練習獠牙鎖喉，以及從獠牙鎖喉到交叉鎖喉的組合。

   請記得！這不是對打練習，而是靈敏度訓練，因此兩人都必須放慢速度、控制力道且打擊只能出一點力。透過保持在訓練中移動，從扣鎖或鎖喉流暢轉換到訓練的動作，儘量多次重複練習。

3. **雙頭握法：**15-20 分鐘。練習使用雙頭握法。從對頭部進行基本的橫桿推擋開始，接著再練習橫桿推擋格擋並繳械、格擋下滑並打擊、壓頸摔、前臂壓制、雙腿收割以及雙頭鉤形繳械。

4. **鎖喉：**10-20 分鐘。因為頸部受傷可能造成呼吸困難，導致嚴重受傷或死亡，因此與夥伴練習各種鎖喉技巧 (獠牙鎖喉、交叉鎖喉、獠牙鎖喉到交叉鎖喉的組合、鉤頸鎖喉) 時點到為止。想要提升鎖喉的力量，請使用頸部壓迫假人。

5. **緩和：**5-10 分鐘。花幾分鐘讓身體從戰鬥狀態回復放鬆休息狀態。這時適合進行靜態伸展，提升身體的柔軟度並代謝肌肉中堆積的乳酸。

追蹤記錄：別忘了在訓練日誌記錄各個訓練的內容。透過設定新目標，不斷突破提升，並利用設定的目標激勵自己，讓訓練既有趣又具挑戰性。

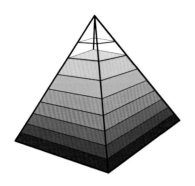

階段七
單棍對打

關鍵時刻：全神戒備！

經過努力的訓練，你應該已充分掌握階段一到階段六的所有內容，現在是驗證的時候了。階段七的重點是將前面所學融會貫通，發展出你自己的短棍術，並測試其在對打時能發揮多少效果。

剛開始對打時，不習慣是很正常的事，畢竟前面都是與夥伴套招，與真打還是有很大的差別，因為對手不但會盡全力避免被擊中，也會想盡辦法攻擊你。你的防守技巧一開始可能沒有那麼管用，會經常被打得很痛，但請堅持下去，這就是現實格鬥中會發生的事。

進行對打練習時，應該穿戴像是加墊短棍和護具等器材。事實上，只要是肢體接觸的活動，就有受傷的風險，但注意不要故意傷害夥伴。雙方要討論什麼程度的力道是彼此能承受的，也包括是否允許或禁止某些動作，例如「不許用踢技」或「使用摔技時必須安全可控(不要猛然出力)」以減少雙方傷害。待雙方確定規則後，就可以從慢速且小力開始對打，為精神上和身體上暖身，也給予試探對手的機會。幾分鐘之後就可以逐漸加大強度，直至雙方都願意承受的強度上限為止。

對打時一定要保持頭腦清醒，切勿打到意氣用事而失去理智。很多人常常在談論策略時說得很好，但在壓力下卻發現自己的反應與預期不同，因此保持冷靜，

堅持自己擬定的作戰計畫很重要。建議做幾次完整循環的深呼吸：用鼻子吸氣，讓空氣充滿胸腔，再用嘴巴吐氣，有助於保持冷靜和專注。以這種冷靜的心態對打，而不要去比較誰打中誰的次數，才能快速提升技能。

對打雖然很有趣，但必須認真看待。記住！手中的棍子會對人造成傷害，因此良好的防守至關重要。每次對打時，試著預測對手的攻擊位置，然後進行格擋或退出攻擊範圍。此外也要明白，僅靠防守無法贏得戰鬥。在格鬥戰術上應保持靈活，持續適應不斷變化的戰局是關鍵。最重要的是努力訓練，同時注意安全並享受對打過程！

「當你的對手變換姿勢或收回武器時發起攻擊。」

—李小龍，《截拳道之道》

保護安全的裝備

實際與對手進行對打時，有很多種方法可以幫助你在安全的情況下盡情施展技能。關鍵在於：良好的護具和加墊武器的結合。在過去的幾十年裡，我創造並試驗了許多不同類型的盔甲和武器，並在數小時的全接觸對練中做過測試。每一件裝備的效果各有不同。接下來，我先介紹加墊武器，因為它們最安全且所需材料最少。然後，我們再看看現有最好的盔甲，使你逐步進階到使用無加墊的藤棍，進行全接觸的對打練習。

訓練器材：加墊短棍

選擇加墊短棍時要謹慎。有些市售的加墊短棍並不適合用於對打練習，任何用硬質 PVC（聚氯乙烯）內芯上包覆泡棉的短棍都不建議使用。根據我的經驗，這類短棍售價不高，但連中等程度的對打都不適合。泡棉通常很薄並且容易撕裂，內芯本身可能很脆而容易斷裂，斷裂處通常很鋒利容易造成危險。

我在家裡自製 PVC 對打短棍的效果要比市售的更好。你可以用容易取得的材料自己製作耐用且價格低廉的加墊短棍。本書附錄中的設計採用常規 PVC 內芯，外面完全覆蓋一層閉孔型發泡材料，兩端各有厚實的泡棉打擊套，然後將整根短棍最外層包覆一層光滑的膠帶。

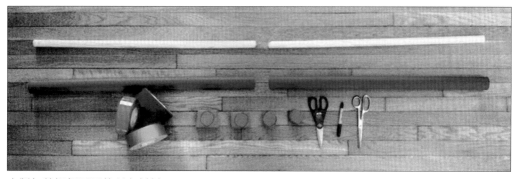

自製加墊短棍需要的所有材料。

製作加墊武器時，瞭解一些 PVC 的知識很重要。PVC 是一種容易取得且便宜的產品，有兩種常見類型：一種是不含塑化劑的硬聚氯乙烯（RPVC）或未增塑聚氯乙烯（uPVC），此類型的 PVC 往往很脆，不適合用於製作加墊武器；另一種是常規 PVC，因為有添加塑化劑，比較有彈性，適合製作加墊武器，在大多數五金行都可以買到。

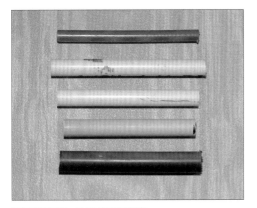

不同類型的 PVC 與塑膠管。

取樣本做擠壓測試，檢查是否適合用來製作加墊武器。

　　若要測試 PVC 是否適合用來製作加墊武器，可取一小段樣本做擠壓測試。將樣本放入老虎鉗，或放在堅硬的表面用重錘敲擊。增塑的 PVC 會折疊壓扁，而未增塑的 PVC 會脆裂（因此要戴護目鏡）。建議用紙巾包裹樣本的末端，以避免碎片飛散，也便於清理。製作加墊武器時，只選用能抵抗衝擊而不脆裂的 PVC！製作加墊短棍的設計圖，請參閱本書後面的附錄。

　　最好的加墊短棍是由專業公司生產的，通常是用布製外層，而非便宜的泡棉外層。這些高品質的加墊短棍重量輕且堅固耐用。生產優良加墊武器的企業包括 ActionFlex、Bunal Brand 和 STIX Arnis Gear。

專業公司生產的加墊短棍。

穿戴的護具

　　使用加墊短棍對打時，通常可以只穿戴最基本的護具。一般來說，你需要的只有保護頭部和頸部的擊劍用或 eskrima 頭罩、保護手部的一雙加墊手套，以及保護鼠蹊免受打擊的護襠。如果你想使用無加墊的短棍對打，就可能需要穿戴護甲以及肘部和膝蓋的護具。你可以嘗試不同類型的護具、護墊和盔甲(保護前臂、手肘、膝蓋、身體等部位)，直到感覺夠安全且防護足夠。而且，別忘了護襠很重要！

加墊短棍

全接觸

加墊短棍對打的護具對比現場短棍格鬥所需的配備。

手套

　　空手道使用的泡棉填充手套，可以很好地保護手掌和指關節，但由於它不是為了握持武器設計的，因此露出的手指容易在對打中受傷。有塑膠保護手指和指關節的摩托車手套效果很好，而且看起來也漂亮。ActionFlex 公司也有生產適合

加墊短棍格鬥的加墊手套。在大部分五金行可以買到的焊工手套，足以削減部分被打中的刺痛，適合輕接觸的對打。

　　若使用的是無加墊短棍時，曲棍球和冰球手套可提供良好的手部保護，但其主要是保護手背與指關節處，因此遇到強烈打擊時，手指部位就有可能防護不足，而守門員手套則有更多的加墊，特別是拇指部位。

從左到右：機車手套、ActionFlex 加墊手套、皮製擊劍手套、長曲棍球手套以及皮製半長手套。

頭盔

　　頭部、頸部與臉部是需要特別保護的部位，最明智的選擇就是投資一個優質頭盔。空手道用的開放式泡棉頭盔無法防禦臉部打擊，應避免使用。

　　擊劍面罩提供臉部保護的效果很好，但不能保護頸部兩側與後腦。HEMA (historical European martial arts) 面罩往往更堅固一點，並且配有額外的罩片以提供更多保護。

　　對於加墊武器對打，我更喜歡帶有面罩的 Proforce Thunder 加墊格鬥頭盔，其提供了良好的全方位保護。面罩上的孔夠大有利於呼吸和眼睛的視線，但無法防止無加墊藤棍的刺擊。因此，當我與無加墊短棍進行全接觸格鬥時，我會穿戴重型 eskrima 頭盔，其面罩上橫桿間的縫隙較小，可以阻擋刺擊。eskrima 頭盔整個都有加墊，並有一個大頸圍，可以保護頸部側面與前面。無論選擇使用哪種頭盔，都要確保武器無法刺穿面罩上的孔洞。

從左到右：擊劍面罩、HEMA 面罩、加墊頭盔、eskrima 頭盔。

護甲

　　最好的護甲應該是 eskrima 夾克，是專為短棍格鬥設計，一般是一件長罩衫，背面閉合。夾克中縫有橡膠或塑膠板，作用是吸收打擊的衝擊力且效果非常好。然而，夾克無法保護手臂和腿部。大多數 eskrima 夾克往往體積龐大且寬鬆；不過一些專業的公司如 STIX Arnis Gear 有研發外觀線條更流暢的護甲。我建議在網路上搜尋現有的產品。

　　特警裝備或防暴裝備是另一種選擇，它提供出色的保護而且機動性非常高。全套套裝可覆蓋手臂、腿，甚至腳掌。防暴裝備的缺點是價格非常高，而且必須非常合身。

　　其它選擇包括運動裝備，如曲棍球、長曲棍球、越野摩托車、BMX 越野自行車或跆拳道裝備。由於每種護甲都是為了在不同的情況下提供特定的保護而設計的，但其中並不包含短棍格鬥，因此常常無法保護你想保護的部位。儘管如此，有保護總比沒有好。

　　練習 HEMA 的人應該很熟悉加墊的填充布甲 (gambeson)，這是一種加墊外衣，可以抵禦輕度到中度接觸的打擊。在使用加墊武器進行格鬥時，也可以使用厚重的擊劍夾克。無加墊武器的全接觸對打就需要更厚重的盔甲，通常是皮革、鎖子甲 (用小金屬環鏈接而成) 或兩者的組合。為了獲得最大程度的保護，熟皮革 (經過加熱、浸泡使其更堅固) 是優先選擇，或是有鋼板更好，但對於短棍格鬥來說這可能有點太過了。

從左到右：擊劍夾克、eskrima 背心、STIX Body Armor、摩托車盔甲。

比賽類型

當你終於與對手面對面時，務必清楚瞭解規則，規則取決於你所參加的比賽類型。

得分制

在戰鬥中，第一擊會對戰鬥的後續發展產生很大的影響。得分制 (Point Fighting) 很像現今大部分空手道比賽中看到的情況，只不過短棍比賽有使用武器。在這種比賽中，先命中對手的參賽者可獲得一分。有時根據目標的命中難度，不同的目標會有不同的得分。比如說，命中手掌或手臂得一分，而命中頭部得兩分。這種比賽通常採取遠距離打法，偶爾才會進入中距離。

在錦標賽中，比賽由評審和裁判進行評分。在某些情況下，比賽也可能沒有評審或裁判參與，你和對手可以喊出自己的得分。如果對於是否得分有爭議，為了避免爭論而浪費時間，選手們應該放下爭議繼續比賽。重點在於戰鬥，而不是停下來鬥嘴。

持續制

持續制 (Continuous Fighting) 受到西方拳擊的啟發，參賽者必須持續戰鬥直到回合結束。傳統的菲律賓短棍對打通常進行三回合，每回合一分鐘。最後得分也像拳擊一樣採用十分制，裁判以滿分十分評分。如果兩位選手的技術都相當精湛，則大多數回合的判分會是十比九，其中優勢方獲得十分，另一位獲得九分。

如果選手被繳械，裁判會從該選手的得分中額外扣除一分，然後選手再重新拿起武器戰鬥。此類對打多以中遠距離作戰為主，並且嚴禁使用棍尾打擊、纏抱、摔技、以雙頭握法進行短棍中段的打擊，以及其它太危險的近戰技巧。

館內規則

雖然對脆弱的目標進行一次精準打擊就有可能結束戰鬥，但事實上，人體韌性非常高，戰鬥很少會一擊結束。為了獲得更真實的實戰或對打練習體驗，要讓每次交手順勢而行，然後中斷並重新開始。你可以判斷打擊足以結束戰鬥並選擇重置比賽，或者可以判斷打擊力道不足以結束戰鬥並選擇繼續，而結束的方式通常是其中一位放棄並認輸。我比較偏好後者，因為這或許是測試自我防衛短棍術最現實的方法。

我們的館內規則簡單來說是「不傷害，不犯規」和「直到結束才結束。」否則，一切都有可能發生。只要你有足夠的技巧並控制得當，就可以使用踢擊、拳擊、棍尾打擊、摔技，甚至用短棍纏抱。被繳械怎麼辦？繼續戰鬥直到覺得自己無法繼續為止。

控制戰局

我的第一位空手道老師常說：「老練與狡詐一定勝過年輕與技術。」懂得越多、經驗越豐富，就越能預判對手的動作並控制戰局。這需要很長的時間才能學會，除了持續練習別無捷徑。三十多年過去了，很高興自己累積了許多老江湖手段。我很樂於分享所學，就讓我們一窺箇中之秘。

瞭解自己

孫子在經典著作《孫子兵法》中收錄的一句名言：「知己知彼，百戰不殆」。乍聽之下很簡單，但瞭解自己到底代表什麼？關於你的對手，你需要瞭解什麼，又如何瞭解？在短棍格鬥中，這些問題是分出勝負的關鍵，非常值得深思。讓我們從自我檢視開始。你對自己瞭解多少？

要瞭解自己的身體資源以及能力。你的體型為何？你是又高又瘦，還是又矮又壯？你的體力是否能全程保持精力充沛的節奏，還是你必須保留體力？你的個性是積極進取且喜歡爭取事物，還是天生更傾向於採取防守、見機行事的心態？

你的優勢是什麼？你有短棍，那就從短棍開始說起！你的短棍是什麼類型？是長還是短？是輕還是重？短棍的有效距離為何？適合遠距離還是近距離戰鬥？將這些資訊加總後，你一定會瞭解如何最有效使用自己的短棍。你練過的武器種類愈多，就愈容易。

要知道在特定情況下什麼技巧最適合你。面對積極進攻的對手，你偏好如何應付？如果是專注防守的對手又如何？你偏好拉近距離的方法為何？誘導對手攻擊的方法又是什麼？

你的弱點有哪些？透過現在認清自己的弱點，才能在之後訓練時補強。哪些技巧最常有效命中你？你是否露出頭部，還是前腿踩太前面而露出前腿破綻？你是否太主動、太著急或太有自信？或者你是否太被動、太緊張或太容易被假動作所欺騙？

　　除了要瞭解自己，瞭解環境也很重要！你在哪裡？你的對手是誰？你所進行的格鬥種類是什麼？這是競技比賽嗎？如果是，規則是得分制、持續制還是館內規則？這是自我防衛的情況嗎？你面對的是酒吧的醉漢、欲搶劫你的劫匪，還是更糟的對手？現場是否有任何目擊者？你是否可以避免交鋒而選擇逃跑？每個情況都不同，所需的做法也不同。

瞭解對手

　　雖然你可以在戰鬥前透過內省訓練來瞭解自己，但通常只有在與對手交鋒之後才有機會瞭解對手。因此，學會如何讀取對手的動作很重要。如果能預測對手將要做什麼以及做的時機，你的優勢就會比他大很多。

　　讀取對手的關鍵在於學習如何觀察。這表示不只要看，還要知道要看的東西。留意那些會顯示對手能力和意圖的微妙線索與細節，而這些有很多種形式。利用戰鬥的第一時刻觀察對手，有助於選擇擊敗他的最佳策略和戰術。

　　首先，注意對手的身體特質。他比你高還是比你矮？如果他比你高，他的臂展和步幅應該就比你長，而比你矮的對手則相反。他的體型是精瘦還是壯碩？精瘦的對手一般比肌肉發達或較重的對手更快速、機動性更高。

讀取對手：他採取了什麼樣的防守架式？他持棍的位置會顯示攻擊來自哪裡。高位開放式防守很明顯是基本打擊 1 的前奏。

反手蓄力則表示對手準備打出基本打擊 2。

低位開放式或封閉式防守是為了引誘你打他的頭，一旦你上當，他就可能瞄準你的持棍手（圖3、4）。要記得這些只是參考，對手有可能從任何防守架式的任何角度出擊。

　　如果對手拿武器的手在前方（像擊劍一樣），代表他棄用空手準備進行遠距離戰術。另一方面，如果對手正面面對你，代表他有可能正在找機會格擋並反擊。

　　對手膽怯避戰還是積極進攻？觀察他身體緊繃的位置。是他的慣用手嗎？如果是，代表他可能正想著攻擊，所以要嚴防對手的快攻。他準備蓄力打出正手還是反手打擊？如果他持棍的姿勢像擊劍一樣伸在身體前方，就兩者皆非，而是打擊前必須做出的前置動作。他眼神所在的位置可讓你知道他所要攻擊的平面。

　　尋找對手的動作模式。當你前進時，他是直線後退還是繞圈？他喜歡使用什麼技巧？對手會進行短促的快抽打擊還是大動作的全力打擊？如果他使用快抽打擊，他可能更專注防守和保護自己的中線。喜歡揮大動作且無法控制自己中線的人，將很難控制攻擊線，也很難控制整體戰局。你可能需要吃下對手的幾次攻擊才能瞭解情況，但他每次攻擊時你都應該收集訊息以便隨時利用來對付他。

　　對手打擊時是否會有前置動作，例如將打擊的手向後拉以蓄力？留意他的姿勢或防守架式的任何變化，一旦他採取行動，甚至在採取行動之前，就會預先顯露出他的意圖。

他下半身緊繃的地方在哪裡？腿的蓄力或收縮可以告訴你很多意圖。是他的前腿嗎？他的後腿伸直了嗎？如果是這樣，就可以假設他正在採取防禦策略。要記得，他也可能在誘導你；他的前腿可能已經準備好推回，以後仰躲避你的攻擊，然後在你打擊落空時進行反擊。

防守姿勢：你的對手後仰。

這表示他準備快速撤退。

他正在後仰嗎？如果是這樣，他可能已經準備好撤退。你可以嘗試前傾或踏步上前追擊，但他可能只是後退一步或跳出攻擊距離。然而，如果距離大於一兩步，你向前移動的速度會比他向後移動的速度快。因此，以過頭格擋衝進去可能會是解方。

進攻姿勢：對手前傾，後腳緊繃。

這表示他已蓄力準備好向前跳。

他身體向前傾，後腿像彈簧一樣緊繃？如果是這樣，請保持警戒。這是更具攻擊性的姿勢，因為他已經蓄力並準備好向前跳。你要準備採取繞出等防守戰術，以防他衝進來。更好的作法是引誘他衝進來，這樣你就可以側步閃避並在他攻擊落空時打擊他。這是透過讓對手做你想讓他做的事來控制戰局的例子。

觀察對手對明顯攻擊所做的反應。舉例來說，如果你對他的頭部進行向下垂直打擊，他會後退還是進行過頭格擋？無論他的反應為何，你可以讓他再做一次。你需要做的就是釐清如何利用他重複動作時出現的短暫機會。做假動作誘導對手做出反應，然後在他反應之前流暢切換到另一次攻擊，瞄準他毫無防備的目標。

要記住的是，聰明的對手也會留意你可能透露的任何線索以讀取你。保持放鬆且不可預測，小心不要傳達你的意圖。透過控制戰鬥的節奏和距離，保持主動並領先對手一步。你知道他希望你做什麼嗎？利用他在讀取你的事實，建立一種節奏或模式，一旦他發現了，就馬上打亂重來。

知道什麼時候要讓開，什麼時候該逃離！

三步法則

誘導是西方拳擊常見的技巧，主要的做法是刻意露出破綻讓對手進攻。當對手被誘導攻擊時，就很可能露出破綻讓你有機會反擊。而且，由於對手的此次攻擊本就在你的預料之中，所以你也已做好閃躲或防守的準備。三步法則可以幫助你根據良好的策略制定各種有效的戰術，進而創造有效的誘導技巧。

三步法則如下：

(1) 故意留下一處對手無法抗拒的破綻。

(2) 等待對手全力攻擊。

(3) 瞄準你料到對手會暴露的空檔進行反擊。

應用三步法則有許多不同的方法。舉例來說，由於從右上到左下的打擊是慣用打擊方式之一，因此只要暴露頭部就有可能引誘到對手。對手一旦認為機會難得，很可能瞬間就發動猛烈一擊，所以千萬不能大意！必須專注在對手發動攻擊的瞬間進行格擋，立刻反擊並持續攻擊，直到對手被制伏為止。此外，你也可以有意無意地一腳往前伸出，對手可能會瞬間衝進來攻擊你的膝蓋，此時立刻收回前腿，並打擊他露出破綻的手臂。

學習三步法則的關鍵是與夥伴進行長時間半速練習。露出破綻讓夥伴以自由對打時的方式攻擊，而你也以半速反應與反擊。半速移動可以讓你專注於精進技術，若照本能快速移動則來不及在執行過程中做分析和評估。利用半速進行時仔細觀察、感受與銜接短棍技巧。速度自然會隨著熟練程度提高，技巧也會流暢而迅速。

「由一事，知萬事。」

– 宮本武藏《五輪書》

控制戰局的整體策略

　　當面對對手時，最好是先採用經過驗證並在實戰中證明有效的整體策略，再以此為啟發，幫助你發展出適合自己的策略，下面介紹的整體策略在對付大多數對手時都很有效。

　　整體策略最適合在全速、全接觸的比賽中學習，參賽者會穿戴盔甲或使用加墊武器。戰鬥的開局階段先採取遠距離打法，保持在對手的攻擊距離之外，並在對手進入你的必殺圈時，不斷打擊最接近的目標 (通常是手、前膝或腳踝) 以試探對手。要記住！此階段應該避免受到任何打擊，且試探期不會持續很久，要隨時準備進入下個階段。

　　當對手意識到他正承受你的傷害卻沒有攻擊到你時，第二階段就開始了。對手一般也會採取遠距離打法讓兩人達到均勢。然而，形勢不均等才更容易創造勝利，因此你可以繼續採取幾個遠距離打法的動作，但要搶占先機利用過頭格擋或撥擋拉近距離。進入對手的必殺圈後就切換成中距離戰術，用空手控制對手武器並用中距離速擊法 (參考階段四) 進行攻擊。由於你的攻擊從兩側快速襲向對手，他在努力格擋或反擊時會暫時左支右絀，這就是嘗試讓他繳械的絕佳機會。

　　一旦對手建立穩固的防禦時，你就應該立即脫離交戰，並以斜角度撤回遠距離。不要直線後退，否則可能會遭受對手的追擊。撤退時一定要打出幾下猛烈的遠距離打擊做為掩護，避免對手緊追不放，與此同時要尋找下一次攻擊的最佳角度和目標。

　　注意不要讓對手將你對他所做的事加諸在你身上。你可透過保持對手在遠距離來控制戰局，直到有必要時再次切入中距離 (這通常是對手覺得外圍打法對他更有利的時候)。這樣一來，你就能始終領先對手一步。只要對手一直跟隨你的節奏，他就會陷入不斷嘗試重新調整的困境，無法制定有效的策略，從而讓你掌控整場戰鬥。

　　整體策略需要將你學過的所有技巧結合起來，包括假動作、打擊組合、模式控制以及其它所有技術。透過切換不同距離和使用不同握法，來智取並最終擊敗對手。你的終極目標是無縫整合所有已掌握的技巧，達到你能打中對手而對手無法打中你的境界。

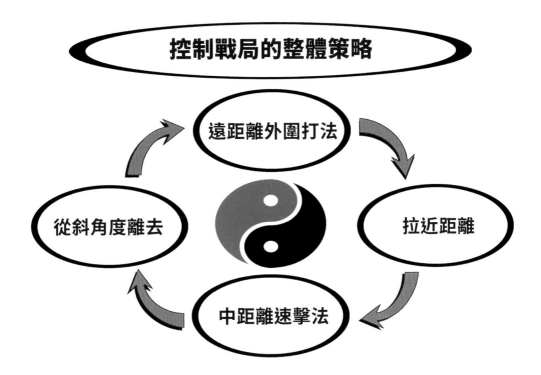

更多技巧與建議

　　控制戰局的方法很多，以下是一些可以提升戰術和格鬥技能的技巧和建議。

　　首先，記得呼吸！格鬥可能會讓人感到緊張，即使只是一場比賽，也可能使你的身體進入戰鬥或逃跑模式。當交感神經系統啟動時，你會出現口乾舌燥、呼吸變淺、心跳加速、胃部不適等症狀。深呼吸幾次可以幫助緩解這些症狀，讓你重新控制身體並專注於當前的任務。在整個比賽過程中保持冷靜的呼吸，為激烈的活動提供所需的氧氣。

其次，隱藏你的攻擊或防守意圖。所有動作都應從你的身體中心發起，利用核心肌群來發力。這不僅可以防止你過早反應或過度投入某個動作，還可以使你的意圖隱藏到最後一刻而不被察覺，從而減少對手的反應時間。

如果對手全力打擊且暫時不穩定時，你可以利用他攻擊的間隙進行打擊。預測對手的招式並引誘他攻擊是一個好策略。當對手發動攻擊時，稍微後退讓攻擊掠過，然後立即在對手位置不佳時進行反擊。

在很多情況下，對手常會無意識地模仿你的動作。比如說你先發起一個攻擊，對手有可能會用相同的攻擊回應你，那你就準備好相應的反擊，等待對手模仿你的前次攻擊。此外，你也可以用假動作來引誘對手，例如假裝要移動或發起攻擊，當對手反應時，立刻停下，讓對手的攻擊失效，然後趁他暴露破綻時迅速反擊。

控制戰鬥節奏非常重要。如果對手積極進攻，你就假裝膽怯，使他過度自信並做出大膽的攻擊，其實你已做好反擊的準備。如果對手防守嚴密，你可以用強而有力且自信的攻擊來震懾他。然而，要小心！聰明的對手也可能試圖欺騙你，要避免落入陷阱。

最後，要經常練習，盡可能與各種不同的對手對打。把每場比賽看作是學習和積累經驗的機會。只要你願意學習，每個對手都有新的東西可以教給你。觀看自己的比賽影片，可以在比賽的混亂之外，有冷靜分析的寶貴機會。

精神強度

精神強度是任何運動表現中最關鍵的因素，若缺少這一點，短棍對打就會變成毫無深度與實用性的單調練習。那麼，如何表現出精神強度呢？一切都從眼神開始。你需要培養決心、意圖和嚴肅的表情，這種感覺應該貫穿你的全身。

專注於當前任務，全身心投入。避免過度緊張，因為緊張會削弱你的反應速度。追求一種隨時準備的放鬆狀態，這不僅是思緒的清晰，還包括對成功的預

見。我將這種轉變稱為「切換模式」，因為這正是我的親身感受。我在比賽前或許心情輕鬆愉快，但一旦比賽開始，我的整個氣質和專注度便會戲劇性轉變。這種轉變從我的眼神可見端倪，這是我在心理上掌控對手的方式，仿佛僅憑意志就能戰勝對方。

當你的意志完全集中時，這種精神強度會透過身體表現出來，動作變得更加迅速有力，清晰展現你的意圖。養成隨時保持全然覺察並活在當下的習慣。培養這種精神強度還有額外的益處，它可以應用到生活的各個面向。就像你訓練時那樣，學會以高強度生活，不僅能提升你的生活質量，也能豐富周遭人的生活體驗。這種特質使短棍術成為促進個人成長和持續進化的獨特工具。

七大守則

《高貴與卓越的防禦藝術學派》(The school of the Noble and Worthy Science of Defense) 是英國擊劍大師約瑟夫·斯威特 (Joseph Swetnam) 於 1617 年完成的著作。在其中，他列出了「以真正防守為基礎的七大守則」。這些基本守則即使在現代，仍然適用於幾乎所有武術，對你的幫助會很大。

1. **做好防守**：僅僅知道如何防守並不夠，你必須在處於敵人的攻擊或危險範圍內時，持續保持嚴密的防守。

2. **真實觀測距離**：與敵人保持足夠的距離，但必須是向前一步就能命中他的距離。

3. **瞭解攻擊位置**：注意敵人離你最近且最沒有防備的部位，或許是他的手、膝蓋或腿，或者是你能從最遠距離傷害他而自身不受到傷害的位置。

4. **把握時間**：當機會來臨時，就要快速掌握它，要比說話的速度更快。

5. **保持空間**：當你衝向敵人 …… 將你的武器收回原位，並再次做好防守姿勢，這樣就能準備好防禦，並伺機進行新一輪攻擊。

6. **耐心**：耐心是人類最偉大的美德之一：智者云，不能自律的人是愚者。

7. **經常練習**：諺語說：如果缺乏練習，一個人會連《主禱文》(Paster noster) 都忘記。技能是每個理性者的朋友，透過練習，擁有技能的人對那些無知和不熟練的人就具有很大的優勢。

> 編註：《主禱文》是著名且經常重複背誦的禱告。在這個比喻中，作者用忘記主禱文來強調練習的重要性，也就是說：即使如此熟悉和基本的事物，若不經常練習也可能會忘記。

階段七　訓練課表

目標：這份 60-90 分鐘的訓練課表，可學習在自由對打中，安全有效地運用自己
　　　的棍術技巧，且最好能與各種對手訓練。

1. **暖身：**15-20 分鐘。首先從低強度伸展開始，伸展的內容範例可參考前面。完
成伸展後，進行 5-10 分鐘的跳繩。接著再做低強度伸展，讓心率回復正常。
然後用短棍對抗一個想像中的對手，進行慢速的影子對練。一開始先慢慢移
動，將想像的影子對手視覺化，想像他在你進攻和防守時做的動作。隨著身
心進入狀態，就逐漸提高速度，但不要太快，以免很快就感覺疲憊或喘不過
氣。要記得這還是暖身階段，因此速度不要太快，利用這段時間熟練技巧。

2. **距離掌握與控制：**15-20 分鐘。與夥伴進行幾回合無接觸對打。儘管這是一項
控制訓練，但仍建議穿戴頭部與手部的護具，使用輕藤棍或加墊短棍。一開
始先面對對手，並在他的攻擊距離外慢慢移動。觀察對手的架式和動作。當
你看到破綻並感覺有攻擊機會時，就立刻行動，但以半速進行。從遠距離拉
近到中距離，在攻擊範圍內用速擊的打擊組合，但打擊目標時要慢且不接
觸。停止動作並重新開始，如此重複訓練。等雙方都能熟練控制打擊後再逐
漸加快速度。

3. **準確度與時機掌握：**15-20 分鐘。雙方經過一段時間後都會開始加速，攻擊也
會越來越難以控制，這是訓練進程的自然演變，但應盡可能地延遲這一階
段。當你們開始不經意地命中對方時，就該切換到下一個階段：穿戴全套護
具並以約 75% 的速度戰鬥。保持控制感且不要全力打擊。讓每次交鋒順其自
然，然後停止並重新開始。此時要專注於快速且準確的打擊，命中對手的同
時也不讓對手擊中。保持警覺並且有目的地移動，直到訓練時間結束。現在
的任務是全速測試自己的每項技巧，找出什麼技巧有效，且有效的時機與有
效的原因。

4. **速度與爆發力**：10-20 分鐘。重要的是，要以幾輪全速全力的對打結束訓練。這是為了將你和夥伴推出舒適圈，激勵自己更有勇氣與自信。要用力揮棍，但不要故意傷害夥伴。他也會盡全力戰勝你，因此要時刻保持警覺並以智慧應對戰鬥。

5. **緩和**：5-10 分鐘。對打後，利用幾分鐘獨自在鏡子前慢速複習，可以讓你有機會從身體上和心理上複習及整理那些對你有效的技巧，將它們儲存在記憶和肌肉中。接著進行低強度伸展，幫助肌肉放鬆並加速恢復。恢復時間減少，代表你可以更快地回到訓練。

追蹤記錄：別忘了在訓練日誌記錄各個訓練的內容。透過設定新目標，不斷突破提升，並利用設定的目標激勵自己，讓訓練既有趣又具挑戰性。

訓練課表金句：鬥智不鬥力。

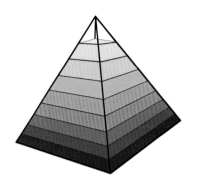

階段八
短棍對上
其它武器

不對等的武器

在真實世界中，你的對手不見得跟你一樣是使用短棍，他可能持有螺絲起子或尖刀之類的短武器，或是像長棍或鏈子這類長武器，當遇到使用不對等武器的情況時，你該如何應對？每種武器間的最大差異通常在於有效攻擊範圍，因此針對不同有效範圍的武器，本階段會提供一些策略，幫助你在面對較短或較長武器時能有效應對。

短棍對上刀子

面對持刀對手絕不能掉以輕心。任何與持刀攻擊者的對峙，都是極為嚴重且會危及生命的遭遇。刀子是致命武器，無論何時都應盡量避免與持刀者發生正面衝突。

去除蛇的毒牙

缺少毒牙的蛇就沒有那麼危險，面對持刀攻擊者也是同理。如果你被迫保護自己免於持刀者的攻擊，短棍就能有效派上用場。利用遠距離技巧，以棍尖在最遠距離精準打擊對手的持刀手。

◆ 從上方去毒牙

紅衣保持在對手的刀子攻擊範圍外，等待對手進入你的必殺圈。

用敏捷的步法與對手保持距離，不要讓他拉近距離。

一次精準紮實的打擊就足以使對手繳械，但動作必須保持短促且維持身體中線穩定，這樣即使初次打擊未中，也能迅速進行下一次打擊。

◆ 從下方去毒牙

白衣攻擊者在紅衣將短棍拿在低位時逼近。

紅衣前腳掌發力，前腿向後撤一步。

後撤的同時，手中短棍朝上揮擊對手的持刀手。

擊中對手的持刀手，通常就能使其繳械。

訓練用短棍防衛持刀者時請牢記以下守則：

1. 保持重要部位不要進入刀子可觸及的範圍。
2. 保持移動；膝蓋彎曲，將重量放在前腳掌上。
3. 保持頭腦敏銳；讀取並回應對手的意圖。

前臂鉤形鎖

只要你能限制刀子移動，對手就無法傷到你。用棍尾鉤住他的前臂，是捕捉並控制持刀手的方法之一。這個技巧並不容易，因為你必須掌握距離與控制對手來主導戰局，你可以應用階段七學到的三步法則有效控制對手。

可利用鉤形鎖來限制對手持刀手。要執行這個技巧，需要將持棍的位置上移，增加棍尾的長度（見紅衣的握棍處）。

紅衣露出胸口誘導對手刺擊。

對手刺擊時，扭轉身體避開攻擊，並利用延長的棍尾鉤住他持刀的手臂。

一旦鉤住他的手臂，立刻從下方用空手抓住短棍的末端，並將短棍往自己右前臂骨的骨脊上用力壓，將對手的手臂夾在中間。

為了保護自己免於受對手空手的攻擊,在向扣鎖施加壓力時,低下頭並轉身避開對手的攻擊。

一旦將對手帶到地面,就猛力擠壓並拉扯使他鬆開刀子。

手臂鎖定

面對持武器的對手,使其繳械是一項極具挑戰和危險的任務,你需要精準的技術並掌握時機,或許還需要一些運氣。即便如此,你依然有可能被割傷。如果對手衝進來,你的短棍可能會無效,甚至成為負擔。如果發生這種情況,就該毫不猶豫放棄短棍,改用雙手控制刀子,從而制服對手。

白衣攻擊者衝進來,伸出左手控制紅衣的短棍,右手用刀刺向腹部。

紅衣用左手手刀低位斬擊並控制對手持刀的手。

紅衣左手持續前推，同時持棍的右手鬆開短棍，去控制對方持刀手的上臂。

左手在攻擊者的肘部下方順時針纏繞，同時轉髖，將對方的手臂扭到背後，使其失去平衡。

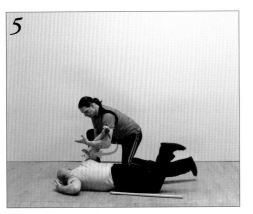

順勢將對手帶到地面。

從他手中奪走武器時，將其右肩壓向地板以鎖定。

面對現實

　　雖然前面介紹了幾種面對短刀的因應做法，但你必須認清一件事實：真正遇到持刀攻擊時，絕對不是雙方擺好架式的君子切磋，而是極度暴力的伏擊，持刀者會以不同角度、短而迅猛地反覆刺擊。任何假設對手是單次直線刺擊或大動作揮砍的技術，都幾乎無用武之地。而且，持刀者很可能在攻擊之前根本不亮刀，等逼近後殺你個措手不及。

研究顯示，超過 70% 的持刀攻擊發生在距離受害者 90 公分內，這表示你根本沒有足夠的反應時間，也沒有多少空間閃躲就已被連刺數刀。更麻煩的是，持刀攻擊者通常會用空手引導動作，增加刀子的隱蔽性。

遇到持刀攻擊者，一定要做好會被割傷和刺傷的心理準備，絕對不能因為疼痛而停下來處理傷口，你必須將注意力集中在攻擊者身上，想辦法先解除威脅再處理傷勢，以防止更大的傷害發生。一旦確保了安全，或在戰鬥中有短暫的喘息機會時，應立即對傷口加壓以防止失血過多，並儘快尋求醫療協助。在打鬥中，由於腎上腺素和其它壓力激素的影響，你甚至可能沒有意識到自己受傷，因此在發生任何肢體衝突之後，都應該仔細檢查身上是否有傷口。

迎向攻擊可以有效阻止刺擊（因為可減少對手的活動空間和動作），同時也有助於防止對手進行反擊（如使用空手揮拳或頭錘等）。同時，不要過分依賴你的武器，如果短棍成了累贅而非助力，就要立刻放下，改用雙手控制刀子。雖然這樣仍然有被刺傷或割傷的風險，但比用短棍後退時被連刺幾刀要來得好。

短棍對上刀子的對打

真實的持刀攻擊既快速又激烈，因此瞭解什麼技術有效，什麼技術無效至關重要。為此，我建議與夥伴都要穿上護具，對練時不要套招，並盡可能用各種角度與方式練習攻防，測試你的技巧在各種情況下是否有效。雙方輪流扮演持刀攻擊者，在不造成對方實質傷害的前提下，盡可能臨場測試各種技巧。

別忘了，刀子或短棍也可以投擲傷人。雖然這招增加了戰況的不可預測性，但丟出武器的人如同自我繳械，萬一沒有擊中目標，在接下來的戰鬥就會明顯處於劣勢。

訓練器材：加墊刀子

我用過最好的對打訓練刀是自己用 Nerf 泡棉劍改造而成（編註： Nerf 是孩之寶公司旗下的玩具品牌）。

Nerf 泡棉劍

由於劍尖已經是刀子的形狀，只需要用鋸子切割成適當的長度套在刀柄上，用膠帶纏繞黏合成訓練刀，就可以使用了。

此外，泡棉劍的劍柄也可以製作一把漂亮的訓練刀。將外層泡棉下方約 3-5 公分處的塑膠芯切開，並在切開的刀身末端（即要做成刀尖處）放幾個閉孔泡棉小圓盤，以製成柔軟的刀尖。用布膠帶或絕緣膠帶覆蓋末端，避免切割後的鋒利邊緣刺出來。最後，小心將泡棉覆蓋回去，形成有泡棉保護的刀尖。製作加墊刀子的設計圖請參閱本書最後的附錄。

短棍對上長棍

面對比短棍更長的武器時，會感覺居於劣勢是很正常的事。然而，短棍仍然可以有效對付像長棍、法杖這一類較長的武器。

對抗長棍的關鍵在於利用靈活的腳步拉近距離。保持遠離對手的攻擊範圍，為了避免被長武器打中，你必須本能地不斷移動並掌握切入的時機。

由於大多數人都是右撇子，因此在切入時用短棍控制對手武器的右側（要記得這只是建議，你需要臨機應變）。一旦觸到他的長棍，就要維持與長棍的接觸，短棍快速沿著長棍向上滑動，直到你可以用空手抓住長棍。只要你控制了長棍，就可以對他的手掌、手臂和頭部進行連續攻擊，使他繳械。

白衣持長棍進行向下打擊，紅衣立即高位格擋，短棍快速沿棍身上滑，伸出空手控制長棍。

白衣持長棍進行側面打擊，紅衣立即水平格擋，短棍快速沿棍身上滑，伸出空手控制長棍。

　　短棍對上長棍，要誘導對手攻擊，然後用原地格擋與對手的武器接觸。一旦你用一隻手抓住他的武器，就可以用短棍讓他繳械。方法有很多，主要分為三種：槓桿式、鉤式與彈擊繳械，以下分別介紹。

槓桿式繳械

　　槓桿式繳械是以對手的長棍為支點，撬開他的手使其鬆開武器。你可以針對他的左手或右手、從內側或外側、從上方或下方操作，因此有八種槓桿應用方式。你必須理解槓桿原理，才能在各種情況下迅速有效地應用。

◆ 內側上方槓桿式繳械

紅衣將短棍由對手的長棍上方插入長棍與前臂內側的空間。

紅衣空手牢牢握住對手的長棍，同時以長棍為支點，將短棍垂直於長棍下壓，撬高對手的持棍手。

轉動短棍迫使對手鬆開長棍。

◆ 下方內側槓桿式繳械

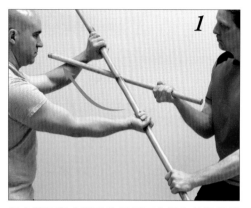

紅衣將短棍由對手的長棍下方插入長棍與前臂內側的空間。

將短棍以長棍為支點向上推,壓迫對手的手向下並鬆開。

◆ 下方外側槓桿式繳械

紅衣將防守稍微降低,露出頭部誘導對手攻擊。

對手發動攻擊時,紅衣跨步迎向前半途阻擋。

紅衣用短棍格擋對手長棍並貼住,並用空手擋住對手的慣用手。

空手持續控制對手的慣用手,並快速抽回短棍。

用快抽打擊攻擊對手的前手前臂。

空手抓住對手的長棍並將其向下拉,同時將
棍尖插入對手的肘彎,以長棍為支點,用棍
柄將他的手從長棍撬開。

鉤式繳械

　　鉤式繳械是利用棍尾從對手手中奪取武器的技巧。與槓桿式繳械相同之處是:
你可以鉤住對手的左手或右手、從內側或外側、從上方或下方,因此有八種鉤式
繳械方法。雖然八種方法都要練習,但並不需要硬記,重點是你要理解鉤式繳械
的原理,才能在任何位置快速應用。

◆ 下方外側鉤式繳械

紅衣用垂直格擋截下對手的打擊,並用空手
控制對手的慣用手。

紅衣用短棍尾端,從長棍下方與對手慣用手
外側鉤住其手腕,同時空手抓住長棍。

紅衣將棍尾下壓，同時空手將長棍上拉，使
對手鬆手。

◆ 下方內側鉤式繳械

紅衣格擋長棍並抓住對手的長棍後，短棍的
棍尾穿過對手雙手之間的長棍下方，由內側
鉤住對手前手的手腕。

轉動短棍使其與長棍平行，棍尾同時壓迫對
手的慣用手。

鉤住對手的慣用手轉棍下拉，壓迫他鬆開右
手。

短棍繼續對他的另一隻手施壓，並用空手將
長棍從他手中抽走。

◆ 雙鉤式繳械

紅衣防守降低，誘導對手以長棍使出基本打擊1。

當對手進攻時，迎向前並準備以高位格擋保護頭部。

先用短棍格擋長棍的攻擊，再用空手抓住長棍。

將對手長棍朝自己的方向拉，同時棍尾砸向對手手臂。

向前踏步並將右手前手向下壓，同時後拉長棍。

將長棍從他手中完全拉出完成繳械。學過空手道的人應該可以發現這一組動作與下段格擋的相似之處。

彈擊繳械

彈擊繳械是透過施加強大力量，迫使對手放開長棍的技巧。要有效執行彈擊，需要先固定對手的手臂，然後從特定角度猛擊對手的持棍手，使長棍由他手中彈出。目標是握棍的虎口空隙，這是握持最脆弱的部分。你也可以用空手抓住對手的長棍來固定，接著打擊對手的手臂以達到同樣的繳械效果。

◆ 向下前臂彈擊繳械

紅衣格擋對手的打擊，使用棍對棍、手對手的方式格擋。

紅衣將持棍手移到上方，同時用空手抓住對手的長棍。

紅衣的空手將長棍向上拉的同時，持棍的前臂猛擊對手手腕，使長棍從虎口彈出。

◆ 彈擊加上鉤式繳械

紅衣降低防守以誘導對手以長棍用基本打擊
1攻擊頭部。

當對手進攻時，向前踏步並以高位格擋保護
頭部，同時空手控制對手的前手。

紅衣用空手將對手的長棍往下拉，並抬高短
棍準備攻擊。

將長棍拉向自己，並用前臂向下猛擊對手的
手腕，使其前手鬆開武器。

立即轉換成鉤式繳械，用棍尾鉤住對手的後
手手腕，空手繼續拉長棍使其鬆開。

接續打擊對手頸部，並使其繳械。

◆ 打臉攻擊

紅衣露出頭部誘導對手攻擊。對手雙手握在長棍靠近尾端的地方,此握法可發揮長棍最大攻擊範圍的優勢。

當對手發動攻擊時,紅衣向前移動並用短棍準備格擋。

紅衣大踏步快速拉近距離,並以短棍向前格擋長棍,同時空手朝前撲去。

這招不是用空手控制對手的前手,而是瞄準對手臉部掌擊,將他的頭向後推並破壞其動作結構。

紅衣立刻抓住對手的長棍,並用短棍棍尾打擊其頸部。

接著後退一步,並將長棍從對手手中拉出。

投擲距離

使用短棍的最長攻擊距離其實是投擲距離，適當時機將短棍當成投擲物可能是不錯的選擇。投擲短棍可能會讓對手措手不及，讓你有機會拉近距離並在對手反應過來之前取得先機。這個策略在對抗長棍等長兵器時效果顯著，尤其是當你還有另一樣備用武器可用時，就可以將短棍擲向對手。

投擲並繳械：白衣持長棍等你進入攻擊距離。

紅衣將短棍垂直擲向對手，可最大限度提高命中的機會。

跟隨擲出的短棍衝進去，立刻拉近距離。

雙手抓住對手的武器，此時對手可能還沒完全反應過來。

扭轉身體破壞對手的動作結構。

將對手摔到地面，將長棍從他手中扭出。

短棍對上長棍的對打

　　短棍對上長棍的技巧應該在全接觸的對打中測試。你可以使用無加墊的藤棍和重型盔甲，或用加墊的棍棒與基本護具。製作加墊長棍的設計圖請參閱本書結尾的附錄。

格擋與 T 字組合：紅衣讀取對手的動作，判斷黑衣蓄力準備進行基本打擊 1。

迎上去並用短棍格擋長棍以掩護自己，並以空手準備控制。

抓住黑衣的長棍並向下拉，使其頭部暴露，並以階段四介紹的 T 字組合進行第一擊。

持續控制他的長棍，同時迴轉手腕打擊對手頭部另一側。

若他仍堅持奪回長棍控制權，你可以利用那個瞬間躍起，蓄力打出 T 字組合的最後一擊。

瞄準他的頭頂中央，垂直揮出強而有力的一擊。

訓練器材：加墊長棍

　　先準備一根長約 1.83 米、直徑約 1.9 厘米的 PVC 管 (請參閱階段七「訓練器材：加墊短棍」對於 PVC 材質的介紹)。在管子兩端用膠帶或膠水黏上輕型橡膠帽。避免使用手杖或拐杖上的重型尾端，因為可能會對夥伴造成嚴重的傷害。然後，用閉孔管道絕緣材料包覆整根管子。

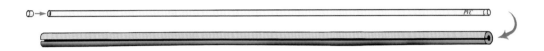

　　將這一層的末端裁切，使其與武器的末端對齊，然後切割幾個與加墊武器末端直徑相同的泡棉盤。用布膠帶將至少三個泡棉盤墊在武器的兩端，避免 PVC 尾端的橡膠塞撞到其它東西。

　　接下來，在武器的頭尾兩端三分之一的長度範圍，額外裹一層大直徑閉孔管道絕緣材料或其它泡棉，而中間三分之一處則保留單層泡棉，以便抓握。

　　用布膠帶從頭到尾仔細包覆武器，不要過度擠壓泡棉。若包覆太緊，受擠壓的泡棉就無法吸收打擊的衝擊力。

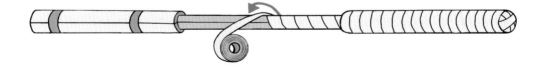

　　仔細檢查武器，確保從頭到尾都有加墊，而且沒有可能造成擦傷的粗糙邊緣。

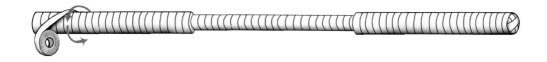

最後，與夥伴測試這支自製加墊長棍。先輕輕打，再逐漸加大打擊力道，看看這把武器在安全對打的情況下能發揮多大的力量。

短棍對上空手的對手

在短棍格鬥比賽中，一旦有一方中途被繳械，一般就會暫停並重新開始。但在館內規則下，通常會鼓勵你持續戰鬥到無法再戰為止，因此對手在讓你繳械之後，或許認為勝負已成定局而鬆懈，這時你要訓練自己抓住機會，即使是空手，也要迅速拉近距離並重新展開攻擊(空手對付短棍的技巧到階段九再討論)。

在自我防衛的情境中，一個手無寸鐵的攻擊者向你靠近，而你手上有短棍、拐杖或雨傘時，也不能掉以輕心，誰知道他會不會突然拿出短刀或其它隱藏的武器。如果對手體型較大或出現多個攻擊者時，那就符合使用武器自衛的正當性、必要性與緊急避難之所需(考慮的是法律問題)。此時採行遠距離作戰可能是最安全的，保持在對手的攻擊距離之外，並打擊任何進入必殺圈的目標。

然而，用短棍打擊空手的攻擊者，可能會帶來比預期更多的法律麻煩。那麼，應該如何用短棍保護自己又不造成嚴重傷害呢？在自我防衛的情況中，與對手的任何肢體接觸都可能帶來身體上與法律上的嚴重後果。因此，應極力避免肢體衝突。在衝突發生之前，應盡一切可能緩和局面，防止事態升高。

用雙拳握住短棍，會表現出你打算用棍棒自衛的意圖，但也可能被視為準備攻擊的姿勢。這也許可以嚇阻並勸退尚未發動攻擊的對手，但也可能會讓憤怒的攻擊者感覺被挑釁。

如果用手掌打開的持棍方式，看起來就不那麼有攻擊性。你的肢體語言表達的是「停、不要過來！」，而不是「我要痛扁你一頓！」。在防禦的同時展現力量，也許有助於讓對手放棄攻擊，給了他無損自尊的下台階。在法律上，發生肢體衝突且有影片為證時，打鬥開始前雙方的姿勢差異，會影響判決的結果。

持棍時手掌打開的良好防禦姿勢。

勸退對手

2018 年，我在加州的一個武術訓練營擔任教練，一名學員說了一個與家人露營的有趣故事。當時他們一家正在煮晚餐，他的妻子從帳篷出來，看到一隻熊正靠近孩子們坐的地方。她立即抓起一個平底鍋和杯子猛烈敲擊，一邊尖叫嘶吼一邊衝向熊，結果熊就轉身跑回森林了，她面對強敵時展現的力量，幸運地阻止了熊的接近。

面對空手的攻擊者時，只靠言語可能不足以緩和局勢。有時候，力量的展現可以有效威懾對手，讓攻擊者判斷攻擊你無法為他帶來好處，或甚至被反殺。揮動武器並以嚇人的方式大吼，展現威懾對手的力量。全速全力揮棍，發出劃破空氣的咻咻聲，這種聲音也有可能讓攻擊者三思。威懾的動作不要過大，以免無意間露出空檔被對手利用。

希望你的表現能擾亂對手的進攻思緒，讓他猶豫並重新考慮。為了加強效果，也可以告訴他該怎麼做，大喊：「別煩我！趁你受傷之前快走！趕快離開！」這種建議有助於提醒攻擊者他還有離開的選擇。

用力並快速揮棍，讓對手在嘗試進入你的必殺圈前三思。

希望攻擊者會重新考慮並離開。

對手抓住你的短棍

　　運用雙頭握法時，要注意對手可能企圖從你手中奪取短棍。一旦對手向前抓短棍，就要從手掌打開的防禦握法改為緊握短棍兩端，並遠離對手的攻擊距離。如果對手已經抓住你的短棍，他可能會做三件事：將短棍向前推、將短棍向後拉、與你搏鬥奪取短棍。以下分別示範應對這三種情況的有效方法。

◆ 對手抓住短棍並用力推

紅衣雙手打開將短棍舉在身前，同時試圖緩和局勢。

對手突然衝進來抓住短棍並朝著你推。

由於他專注在推短棍，下方露出破綻，你可
進行踢擊。

左手向前推、右手向後拉，將短棍朝垂直方
向扭轉。

順勢朝前以短棍壓下對手。

將對手向後壓向地面。

◆ **對手抓住短棍並用力拉**

紅衣雙手打開將短棍舉在身前，同時試圖緩
和局勢。

對手突然衝進來抓住短棍，試圖從你手中將
短棍拉走。

順著對手的拉力往前。由於他的雙手握在短
棍上，上方毫無防備，你可以空出一手虎爪
攻擊他的眼睛。

虎爪用力往前推，將手指插入對手雙眼並掃
過他的臉部；同時左手向後拉，從他的手中
奪回短棍。

◆ 對手抓住短棍並搏鬥

白衣已抓住你的短棍，並試圖搏鬥以爭奪短
棍。

紅衣推動短棍一端並拉動另一端以轉動他的
身體，並破壞他的動作結構。

前腳抬高並瞄準他的前腿膝蓋踩下去。

踩他膝蓋的側面，並將他向下推開。

短棍搏鬥訓練要注意的事

以上三種搶回棍子控制權的方法看起來簡單，但若對手抓得很緊，就免不了要經過一番搏鬥。要控制短棍並將短棍從對手手中掙脫有很多方法，包括推、拉、壓、掬等，透過短棍搏鬥訓練可以熟練這些技巧。你可以和夥伴同時握住同一根短棍，兩人都試圖控制短棍，將其從對方手中奪走。

在進行這類練習時要格外小心，因為雙方僵持時會累積大量位能，若一方突然鬆開短棍，可能會造成意外跌倒。因此，一開始先進行慢速簡單的動作，不要過度抗拒夥伴，可以先設定幾項基本規則，例如「禁用棍尾打擊」或「禁用短棍中段打擊」，直到雙方都準備好之後，再取消這些規則。為了安全起見，建議在練習時戴上頭盔。

對出拳的防禦

攻擊你的人可能非常執著於要傷害你，因此很可能會直接出拳攻擊。一般來說，你可以跳開並直接打他的手。

如果對手試圖出拳打你，退開並迅速用短棍打擊他的手與手臂。

這或許能勸退他發動進一步的攻擊。然而，志在必得的對手可能無視你的打擊並持續發動攻擊。要控制一個手無寸鐵的攻擊者而不打傷他(因為法律問題)，可以使用鉤形鎖扣住他的肢體。執行這個技巧，持棍的位置必須上移以增加棍尾的長度。

◆ 正手鉤形鎖

讀取對手出拳的意圖，並準備好迎接他的攻擊。

用右前臂側面格擋對手出拳的手臂。

用延長的棍尾鉤住對手的手臂。立刻從下方用空手抓住短棍的末端，並將短棍往自己右前臂骨的骨脊上用力壓，將對手的手臂夾在中間。

為了保護自己免於受到另一隻手的攻擊，低頭轉棍將對手朝左帶到地面。

◆ 反手鉤形鎖

讀取對手出拳的意圖，並準備好迎接他的攻擊。

用右手前臂從側面格擋。

反手用延長的棍尾，鉤住對手的手臂。

立刻從下方用空手抓住短棍的末端並用力擠壓。

為了保護自己免受另一隻手的攻擊，身體向右扭轉，一步跨到對手身後。

身體持續扭轉，將被短棍鉤住手臂的對手帶到地面。

對踢擊的防禦

當對手無法有效打到你，或是你一直保持在對手出拳距離外，他可能會生氣並試圖用腳踢你。

◆ 雙手格擋

紅衣保持距離並將短棍架於身前，同時試圖緩和局勢。

當對手踢腿攻擊時，雙手握棍砸向他的脛骨做格擋。

◆ 單手格擋

保持距離並將短棍架於身前，同時試圖緩和局勢。

當對手踢腿攻擊時，向後撤出他的踢擊距離並揮擊他的腿部。

階段八　訓練課表

目標： 這份 60-90 分鐘的訓練課表，在對打與防身時能安全有效地運用短棍格鬥
技巧對抗刀子、長棍以及空手的對手。

1. **暖身：** 15-20 分鐘。首先從低強度伸展開始，伸展的內容範例可參考本書前
   面。完成伸展後，進行 5-10 分鐘的跳繩。接著再做低強度伸展，讓心率回復
   正常。下一步是用短棍對著假想對手進行慢速影子對打。一開始先慢慢移
   動，想像你的對手在你反應、進攻和防守時的動作。身心暖身之後，可逐漸
   提高速度，但不要太快，以免太快疲憊或喘不過氣。要記得這還是暖身階
   段，因此速度不要太快，利用這段時間精進技巧。

2. **距離掌握與控制：** 10-20 分鐘。與夥伴進行幾回合無接觸對打，以短棍對抗刀
   子、長棍與空手。儘管這是一項控制訓練，但建議穿戴頭部與手部的護具，
   並使用輕型藤製或加墊武器。當你看到對手的破綻並認為有攻擊機會時，就
   立刻行動，但要半速進行且不要真的打中夥伴。如果手持長棍或刀子的夥伴
   被繳械，可繼續以本階段介紹的技巧對付空手攻擊。停止動作、重新開始，
   然後重複。等雙方都能熟練控制打擊後再逐漸加快速度。

3. **準確度與時機掌握：** 15-20 分鐘。雙方經過一段時間後都會開始加速，攻擊也
   會越來越難以控制，這是訓練進程的自然演變，但應盡可能地延遲這一階
   段。當你們開始不經意地命中對方時，就該切換到下一個階段。穿戴全套護
   具並以 75% 的速度對打。保持控制感且不要全力打擊。讓每次交鋒順其自
   然，然後停止並重新開始。此時要專注於快速且準確的打擊，命中對手的同
   時也不讓對手擊中。保持警覺並且有目的地行動，直到訓練時間結束。現在
   的任務是測試自己的每項技巧，找出什麼技巧有效，且有效的時機與有效的
   原因。

4. **速度與爆發力**：10-15 分鐘。為了測試自己的技巧是否實用，以及如何運用在不配合的對手上，必須在訓練的最後進行幾回合全速、全力的對打。這是為了讓你和夥伴離開舒適圈，激勵自己更有勇氣與自信。要用力揮棍，但不要故意傷害夥伴。他也會盡最全力戰勝你，因此要時刻保持警覺並以智慧應對戰鬥。

5. **緩和**：5-10 分鐘。對打後，利用幾分鐘獨自在鏡子前慢速複習，可以讓你有機會從身體上和心理上複習及整理那些對你有效的技巧，將它們儲存在記憶和肌肉中。接著進行低強度伸展，幫助肌肉放鬆並加速恢復。恢復時間減少，代表你可以更快地回到訓練。

追蹤記錄：別忘了在訓練日誌記錄各個訓練的內容。透過設定新目標，不斷突破提升，並利用設定的目標激勵自己、讓訓練既有趣又具挑戰性。

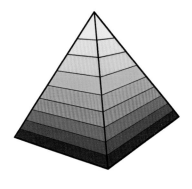

階段九
空手對短棍的防禦

空手防禦

2017 年 12 月，我收到了幾年前搬離美國賓夕法尼亞州的一位黑帶學員 Nick Lolli 的訊息：

親愛的喬大師：

我想跟你說說我在格林維爾市的一個經歷。我從酒吧走回家時，看到一名男子在街上用皮帶抽打兩名計程車司機。這兩名司機舉起雙手求饒，於是我決定分散那名男子的注意力，並試圖說服他停手。

我告訴他：你已經贏了，一切都結束了。過了幾分鐘，他走上人行道跟我握手，卻突然用皮帶朝我頭上揮來。也許是因為過去常與你和其他學員練習的經驗，我能夠迅速閃避並迅速靠近，用一個大外刈將他摔倒。在朋友跳上來壓住他的腿後，我也成功將他壓制直到警察到來。我要感謝你，不僅確保我今晚沒有受傷，還讓我有勇氣幫助那兩名被酒醉男子嚇到的司機。

空手與任何持有武器的對手發生衝突時，你該採取的第一步就是逃離現場。然而，你可能在某些情況下被迫對抗，因此必須學會如何用空手防禦武器。雖然你是用短棍進行訓練，但所謂的短棍可代表各種單手握持的鈍挫傷武器，比如說木條、管子、拆胎棒、鐵鎚、球棒或上述故事提到的皮帶。

一定要記住！想讓任何手持武器的攻擊者繳械，都非常困難且危險。因此，要成功運用任何技巧，都必須有完美的時機掌握、精準的技術，或許還需要一些運氣。即便如此，對手仍有可能在拉近距離時擊中你，所以在進入時務必做好防禦。最好的情況是不要被對手擊中，但若無法避免，至少不要被重擊，如果無法避免被重擊，至少不要是頭部。以這個目標為前提，以下的一些策略和戰術可以幫助你做出最好的應對。

在階段二中，你學到一次打擊可以細分為三個主要部分：**加速區**，亦即初始階段，這時打擊還在累積能量；**打擊區**，也就是打擊力量集中的區域；**減速區**，這時打擊開始變慢。無須多說，對手的打擊區是你最該避免的範圍！簡單來說你只有兩個選擇：第一種是趁對手的打擊還沒累積足夠力量前提早切入，第二種是閃避打擊，等打擊落空後再切入。無論是哪一種，你都必須拉近距離以在近距離終結對手。在訓練中要能靈活運用各種技巧，以便在實際對抗時能夠有效應對並佔到優勢。

拉近距離

當你的對手有武器而你沒有，對手就擁有明顯的優勢。因此，為了提高空手對抗的成功率，就必須盡早控制局面。要達成這個目標，先在對手有效打擊範圍外游走，仔細觀察他的位置與動作，並隨時準備在對手試圖接近時後撤或繞出。

攻擊者的弱點在於策略，通常都想用幾下重擊來解決你。讀取他的動作，並在他蓄力準備打擊時立刻做出反應。也可以做出快速的假動作，讓對手以為你要移動切入，但你卻突然停下來觀察他的反應。

要留意對手開始為打擊蓄力的時機。當他開始蓄力時,你就要馬上衝進去,或後傾到剛好退出他的打擊距離以避開攻擊,接著再突然切入。

對手對假動作的反應很可能是立即打擊,但很快意識到你並沒有真正切入,因此又將打擊收回,對手此時會有非常短暫的鬆懈時刻,你必須把握這個時機拉近距離,以 1 - 1.2 拍快速移動,趁對手身心都還在恢復時快速衝進去。這個技巧非常困難,因此你需要大量練習,一旦掌握技巧,對手就很難打中你,至少很難阻止你移動到近距離。

當你切入時,有兩個姿勢可以保護你免於由上而下的斜向打擊(基本打擊 1):箭式與牆式。

箭式

牆式

從攻擊者角度看到防守方的箭式與牆式。

箭式

箭式是快速衝進去拉近距離的技巧。首先站在對手攻擊距離之外，並露出頭部誘導對手攻擊頭部。

對手上鉤踩上前以拉近距離，並蓄力準備攻擊你。趁對手武器還在蓄力時，以箭式伸直手臂在身前、低下頭衝進去。

稍微向他的慣用手臂傾斜，通常會在你的十一點鐘方向，也就是前方偏左的位置。用你的左手前臂打擊他的手臂並控制武器，同時用右手前臂猛地砸向他的側頸。

持續壓住頸部，並用後手纏住對手的慣用手臂。

持續壓住頸部並完成蛇式繳械（見階段五），同時奪取武器。

奪下武器了。

牆式

站在對手攻擊距離之外,並露出頭部誘導對手攻擊頭部。

對手上鉤踩上前以拉近距離,並蓄力準備攻擊你。趁對手武器還在蓄力時,以牆式將右手掌心向外舉過左肩保護頭部左側,抬起左肩並將頭夾緊在肩上以保護下巴。

側身踩在對手身後,軀幹稍微右轉以保護中線,同時向前衝並以肩膀控制對手的右上臂和肩膀區域。

用手刀砍對手頸部。

攻擊頸部的手鉤住他的頭往下拉,再用一記膝撞攻擊其頭部。

繼續控制他的頭,向左轉身並用左手肘砸向對手背部,使其跌向地面。此時若對手仍手持短棍,就用左手抓住短棍並從手中撬開。

閃躲

　　如果你是空手狀態，不建議用手臂直接格擋武器，而應能閃就閃。此處介紹的兩個閃躲技巧，分別是倚繩戰術和蹲閃，你不能用 1 - 2 拍先閃過對手攻擊，然後等對手揮棍結束後才切入，而應以更快速的 1 - 1.2 拍，在對手揮棍落空的剎那、重新蓄力之前就切入。兩者的差異不大，但理解與否會決定成敗。

倚繩戰術

　　倚繩戰術是拳王阿里在 1974 年的「叢林之戰」中使用而出名的拳擊風格，阿里在比賽中透過後傾以毫釐之差接連避過福爾曼的多次攻擊。

首先露出頭部誘導對手打擊頭部。

對手揮棍時，身體向後傾，剛好退出他的打擊距離。

對手的武器經過後，立刻回到直立姿勢。

對手銜接了一個反手水平方向打擊。

雙手擋住對手的手腕與手肘,以阻止他的慣用手繼續揮擊。

抓住他的短棍,並用手掌猛擊他手臂背面,使其鬆開手中武器。

蹲閃

　　希望你有認真利用反應棒(見階段二)做閃躲練習,因為要執行蹲閃技巧,需要良好的時機掌握與快速的步法。

紅衣空手露出頭部,誘導持棍的白衣進行攻擊。

在白衣發起攻擊時,原地降低重心戒備。

紅衣迅速向左側踏步，蹲下閃過打擊。

在白衣攻擊落空時，在白衣右肩後方死角的位置起身，此時他難以立刻再攻擊。

紅衣用左手轉動白衣頭部，並用右手控制持棍手的手臂。

將白衣的頭向後拉，並抓住他的短棍，準備以槓桿式繳械使他鬆手。

就地取材

學習快速掃視你的周遭環境，尋找簡易武器與可用來武裝自己的物品。如果在街頭，可能會有衣服、錢包、購物袋或後背包。如果在住屋內，可能會找到墊子、枕頭或其它物品。如果在酒吧或餐廳，可能有椅子或瓶子可用。簡單來說，要尋找任何可以做為投擲物或護盾的東西。

投擲物品

紅衣手持夾克（或其它物品），並讀取對手的動作。

白衣蓄力揮棍時，紅衣立刻朝他的臉丟出夾克（或其它物品）。

馬上跟隨丟出的夾克，利用對手視覺暫時受限時衝進去。

紅衣向前踏步並控制白衣的持棍手，同時以右前臂打他的頸部。

紅衣左手下滑抓住短棍，右手敲擊白衣的持棍手使其鬆手。

奪棍之後立即後退保持距離，接著情勢反轉，變成你持棍對上空手了。

用物品做為護盾

你也可以將外套、後背包或其它物品做為護盾以格擋對手的武器。紅衣將夾克纏繞在手臂上，以此格擋短棍打擊，甚至可以纏住短棍。

接著上前一步攻擊對手的眼睛，他在看不見你的情況下會暫時失能。

階段九　訓練課表

目標：這份 60-90 分鐘的訓練課表，可讓你學會空手將手持短棍的對手繳械。

1. **暖身**：5-10 分鐘。首先從低強度伸展開始，伸展的內容範例可參考本書前面。完成伸展後，進行 5-10 分鐘的跳繩。接著再做低強度伸展，讓心率回復正常。

2. **距離掌握與控制**：10-15 分鐘。與夥伴進行幾回合持棍與空手的無接觸對打。儘管這是一項控制訓練，但建議穿戴頭部與手部的護具，使用輕型藤製或加墊短棍。一開始先以空手面對手持短棍的夥伴，並慢慢練習本階段介紹的各項技巧。在每次交手後停止動作、重新開始，然後重複。此練習應以半速進行，等雙方都能熟練地控制打擊後再逐漸加快速度。

3. **準確度與時機掌握**：15-20 分鐘。雙方經過一段時間後都會開始加速，攻擊也會越來越難以控制，這是訓練進程的自然演變，但應盡可能地延遲這一階段。當你們開始不經意地命中對方時，就該切換到下一個階段。穿戴全套護具並以 75% 的速度對打。保持控制感且不要全力打擊。讓每次交鋒順其自然，然後停止並重新開始。此時要專注於接近對手、控制武器，並使對手繳械。保持警覺並且有目的地行動。現在的任務是測試自己的每項技巧，找出什麼技巧有效，且有效的時機與有效的原因。

4. **速度與爆發力**：10-15 分鐘。為了測試自己的技巧是否實用，以及如何運用在不配合的對手上，必須在訓練的最後進行幾回合全速、全力的對打，激勵自己更有勇氣與自信。攻擊方要用力揮棍，但不要故意傷害夥伴。要記得每下攻擊都有危險性，所以要明智地戰鬥。

5. 緩和：5-10 分鐘。以低強度伸展結束訓練，幫助肌肉放鬆並更快恢復。恢復時間減少，代表你可以更快地回到訓練。

追蹤記錄：別忘了在訓練日誌記錄各個訓練的內容。透過設定新目標，不斷突破提升，並利用設定的目標激勵自己、讓訓練既有趣又具挑戰性。

附錄　訓練器材

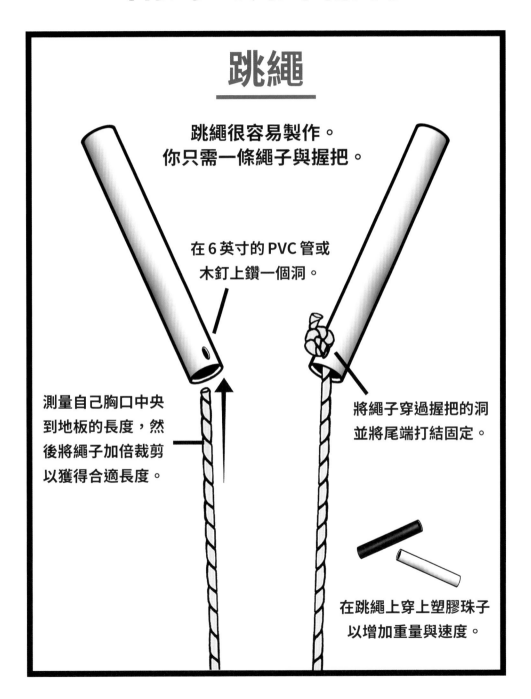

跳繩

跳繩很容易製作。
你只需一條繩子與握把。

在 6 英寸的 PVC 管或
木釘上鑽一個洞。

測量自己胸口中央
到地板的長度,然
後將繩子加倍裁剪
以獲得合適長度。

將繩子穿過握把的洞
並將尾端打結固定。

在跳繩上穿上塑膠珠子
以增加重量與速度。

地板圖案

地板圖案的功用是培養良好步法。有很多圖案可以選擇，每個圖案會教導你一些不同的東西。

用遮蓋膠帶、布膠帶
或顏料標示地板圖案。

警告：有時膠帶會在地上留下很難清理的痕跡！

輪胎吊袋

用鏟形鑽頭在
老舊輪胎上鑽洞。

將堅固的繩子穿過小洞
並在上方打結固定。

輪胎的數量
可依需求而定。

將吊袋懸掛於穩定
的框架上。

將繩子末端
打結防止繩
子穿回去被
拉出。

室內輪胎假人

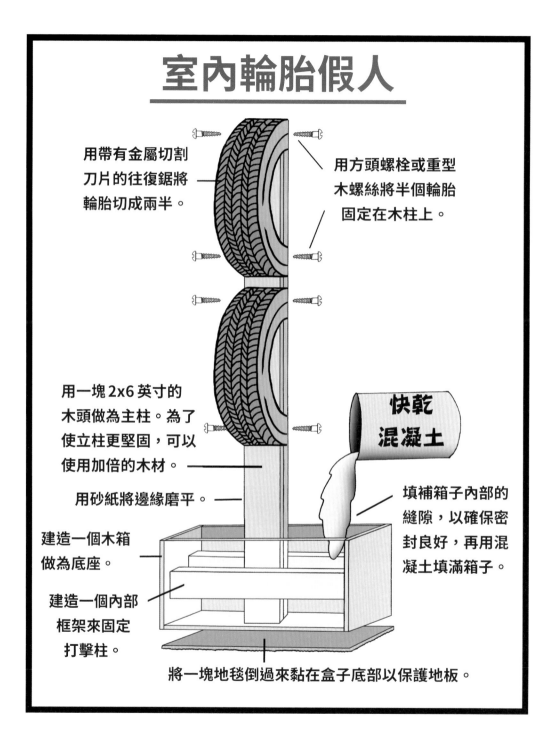

用帶有金屬切割刀片的往復鋸將輪胎切成兩半。

用方頭螺栓或重型木螺絲將半個輪胎固定在木柱上。

用一塊 2x6 英寸的木頭做為主柱。為了使立柱更堅固,可以使用加倍的木材。

用砂紙將邊緣磨平。

建造一個木箱做為底座。

建造一個內部框架來固定打擊柱。

快乾混凝土

填補箱子內部的縫隙,以確保密封良好,再用混凝土填滿箱子。

將一塊地毯倒過來黏在盒子底部以保護地板。

反應棒

18-20 英寸的短棍

約 3 英尺長的游泳泡棉棒

短棍僅一半插入游泳泡棉棒，
在打擊端約 2 英尺的長度。

用膠帶將它們固定在一起。

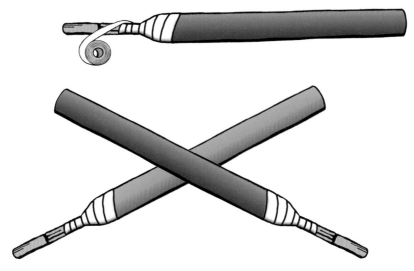

要記得！反應棒不是拿來對打的！
而是用於學習外圍打法。

目標棍

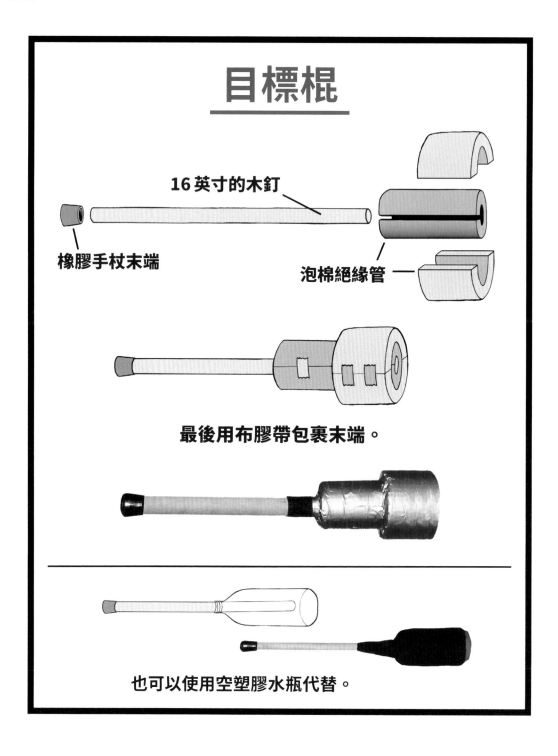

16 英寸的木釘

橡膠手杖末端

泡棉絕緣管

最後用布膠帶包裹末端。

也可以使用空塑膠水瓶代替。

打擊點

**打擊點的功能是提高打擊的準確性、
距離掌握以及控制。不適合用全力打擊。**

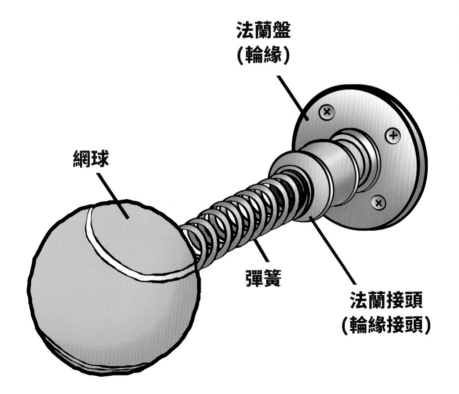

法蘭盤
（輪緣）

網球

彈簧

法蘭接頭
（輪緣接頭）

劃開網球並插入彈簧。

將器材栓在牢固的支撐面上。

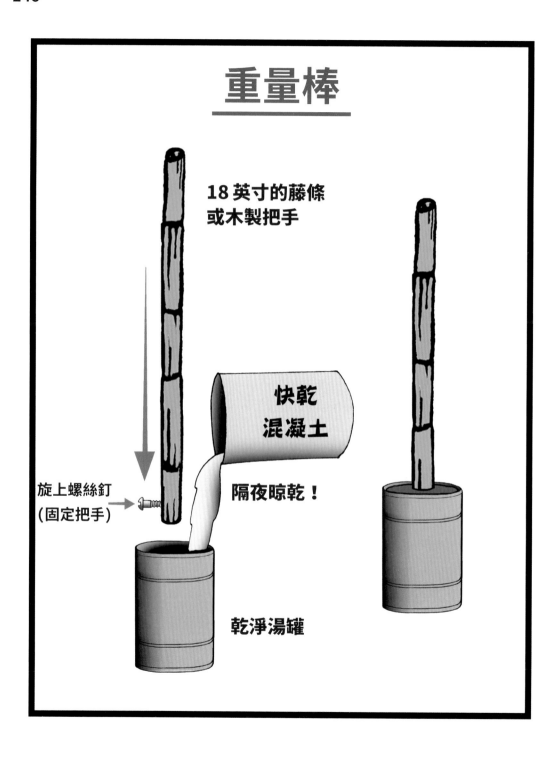

手臂壓迫假肢

手臂壓迫假肢模仿前臂的兩條骨骼。

先找到 $\frac{1}{2}$ 到 $\frac{3}{4}$ 英寸的 PVC管。

用膠帶包裹兩端，然後用泡棉絕緣管覆蓋一端。

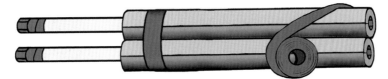

製作兩根相同棍子並將它們黏在一起。

完成的手臂壓迫假肢。

頸部壓迫假人

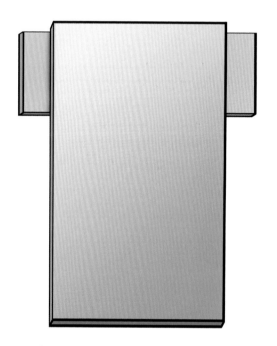

將泡棉橡膠、地毯甚至厚紙板
捲成圓周 14-15 英寸的
圓筒狀。在一端多纏繞
一塊，以代表頭部。

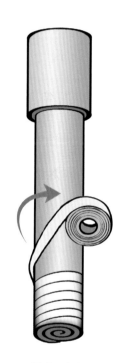

用膠帶包裹整個
器材以確保耐用。

加墊短棍

1. 先找一段 $\frac{3}{4}$ 英寸的 PVC 管。

2. 用絕緣膠帶覆蓋兩端。

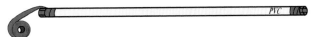

3. 用 $\frac{3}{4}$ 英寸的泡棉絕緣管包覆整個短棍。

4. 切割泡棉圓盤，並在棍子兩端各裝上 3 個泡棉圓盤。

5. 用一層光滑的布膠帶包裹整根短棍。

6. 完成品！

你可以用彩色膠帶讓外觀看起來更專業。

每次使用前務必仔細檢查短棍。

加墊刀子

先找一把知名品牌的優質泡棉劍。

用鋼鋸將劍刃切成小刀大小的片段。

用膠帶黏上把手，就可以開始使用了！

你也可以使用劍柄的部分。

使用熱熔膠槍塑造新的刀尖。

加墊長棍

1. 在6英尺長的 $\dfrac{3}{4}$ 英寸 PVC 管的兩端裝上輕型蓋。

2. 用閉孔管道絕緣材料包覆整個長棍。

3. 在兩端貼上至少3個泡棉盤以形成刺擊用的末端。

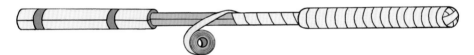

4. 兩端再包裹一層泡棉。

5. 整體用膠帶包覆，注意不要擠壓泡棉。

6. 仔細檢查武器，確認沒有粗糙的邊緣。

完成品！

Joe Varady（喬·瓦拉迪）大師在武術領域已超過三十年。他於 1987 年開始練習越南剛柔術，目前持有六段黑帶。在過去的三十年間，他曾跨界訓練多種東方武術，包含空手道、跆拳道、柔道、詠春和菲律賓魔杖 … 等武術，以及各種西方武術，如拳擊、擊劍、長劍和劍盾術。

他是兩個計畫的首席教練：啟蒙道館 (Satori Dojo) 的傳統武術培訓和現代角鬥藝術 (Modern Gladiatorial Arts) 的多元武器系統培訓，兩館都位於賓州的菲尼克斯維爾。他曾擔任環球武術系統組織 (Universal Systems of Martial Arts Organization) 的主席，目前是該組織的活躍成員。該組織由來自不同武術流派的教練所組成，他們互相分享技巧和原則。他於 2016 年入選費城歷史武術名人堂。

喬擁有初等教育的碩士學位，撰寫並繪製了四本剛柔術成人訓練手冊以及兩本全彩兒童手冊。YMAA 出版中心於 2016 年 10 月出版了本書的前作《長棍格鬥教本》。

陳定谷

是譯者、英文補教老師，也是健身與格鬥運動愛好者。臺灣師範大學翻譯研究所會議口譯組在學，臺灣大學外國語文學系及中英翻譯學程畢業。

武術相關資歷：
- T-1 踢拳拳擊積分邀請賽 67kg 量級優勝
- PUNCHUP04 台南戰拳擊 63kg 量級優勝
- UFCGym Taiwan 團體課程：拳擊技巧、踢拳技巧、綜合格鬥 (MMA)、巴西柔術等
- 肯將拳擊運動訓練中心一對一教練課程
- 大學體育課專項運動選修：跆拳道、太極劍
- 徒手健身與重量訓練
- 詠春 (自主學習)
- 長期關注格鬥相關網站與賽事：UFC、ONE、FirstDrop、拳願娛樂格鬥賽等